Buchreihe Kleidungskulturen der Welt
von Doris Schmidt, Heidelberg

Band 1: Steinzeit
Am Anfang war das Fell

Band 2: Japan
Kimono – Kirschblüten und Geishas

Band 3: Schwarzwald
Roter Bollenhut – Tracht und Marke

www.kleidungskulturenderwelt.de

Doris Schmidt

Steinzeit

Am Anfang war das Fell

Mit Zeichnungen von Karin Mann

Kleidungskulturen der Welt

Band 1

Schneider Verlag Hohengehren GmbH

Umschlaggestaltung: Gabriele Majer, Aichwald
Umschlagzeichnung: Karin Mann, Bad Schönborn

Leider ist es uns nicht gelungen, die Rechteinhaber aller Texte und Abbildungen zu ermitteln bzw. mit ihnen in Kontakt zu kommen.
Berechtigte Ansprüche werden selbstverständlich im Rahmen der üblichen Vereinbarungen abgegolten.

Gedruckt auf umweltfreundlichem Papier (chlor- und säurefrei hergestellt).

**Bibliografische Information der
Deutschen Nationalbibliothek**

Die Deutsche Nationalbibliothek verzeichnet diese Publikation in der Deutschen Nationalbibliografie; detaillierte bibliografische Daten sind im Internet über ›http://dnb.d-nb.de‹ abrufbar.

ISBN 978-3-8340-1181-7

Schneider Verlag Hohengehren,
Wilhelmstr. 13, 73666 Baltmannsweiler

Hompage: www.paedagogik.de

© Schneider Verlag Hohengehren, 73666 Baltmannsweiler 2015
Printed in Germany – Druck: Esser, Bretten

Inhaltsverzeichnis

Vorwort 9

1. Steinzeit 11

1.1 **Vorgeschichtliche Zeit** 11

1.2 **Steinzeit** 12

1.3 **Altsteinzeit** 13
1.3.1 Gliederung der Altsteinzeit 13
1.3.2 Jüngere Altsteinzeit 15
1.3.3 Quellen für altsteinzeitliche Kleidung 16

2. Wirtschaft 18

2.1 **Klima** 18

2.2 **Menschenarten** 19
2.2.1 Homo erectus 19
2.2.2 Neandertaler 20
2.2.3 Homo sapiens 20

2.3 **Jäger und Sammler** 23
2.3.1 Homo erectus 23
2.3.2 Neandertaler 23
2.3.3 Homo sapiens 24

2.4 **Mammut und Rentier** 25
2.4.1 Charaktertiere der Altsteinzeit 25
2.4.2 Ressourcen der Altsteinzeit 25

2.5 **Behausungen** 28
2.5.1 Natürliche Wohnstätten 28
2.5.2 Künstliche Wohnstätten 29

2.6 **Nutzung des Feuers** 31
2.6.1 Natürliches und künstliches Feuer 31
2.6.2 Bedeutung der Feuernutzung 31

3. Kunst 33

3.1   **Höhlenmalereien** 33

3.2   **Ritzzeichnungen** 34

3.3   **Plastiken** 35

4. Religion 37

4.1   **Glaube** 37

4.2   **Schamanen** 37

4.3   **Bestattungen** 38

5. Wissenschaft 40

5.1   **Felltechnologie** 40
5.1.1   Felle 40
5.1.2   Fellgewinnung 42

5.2   **Ledertechnologie** 44
5.2.1   Leder 44
5.2.2   Ledergewinnung 45
5.2.2.1   Fettgerbung 45
5.2.2.2   Rauchgerbung 46
5.2.2.3   Pflanzengerbung 47
5.2.3   Lederzurichtung 48

5.3   **Färbtechnologie** 49
5.3.1   Farben 49
5.3.2   Färben 51

5.4   **Maltechnologie** 52

5.5   **Fadentechnologie** 53
5.5.1   Tierische Nähfäden 53
5.5.2   Pflanzliche Nähfäden 55

5.6	**Nähtechnologie**	55
5.6.1	Handnähen	55
5.6.2	Nadeln	57
5.6.3	Nähte	58
5.7	**Applikationstechnologie**	59
5.8	**Textiltechnologie**	60
5.8.1	Knüpftechnologie	60
5.8.2	Flechttechnologie	61
5.8.3	Webtechnologie	61
6. Mode		64
6.1	**Schmuck**	64
6.1.1	Schmuckmaterialien	64
6.1.2	Schmuckhandel	66
6.1.3	Trageweisen von Schmuck	67
6.1.3.1	Anhängerschmuck	67
6.1.3.2	Körperschmuck	70
6.1.3.3	Gewandschmuck	71
6.1.4	Funktionen von Schmuck	71
6.1.4.1	Magisch-schützende Funktion	71
6.1.4.2	Ästhetisch-soziale Funktion	72
6.2	**Männerkleidung**	74
6.2.1	Kleidungsstücke für den Unterkörper	75
6.2.2	Kleidungsstücke für den Oberkörper	78
6.3	**Frauenkleidung**	80
6.3.1	Kleidungsstücke für den Unterkörper	80
6.3.2	Kleidungsstücke für den Oberkörper	83
6.4	**Kinderkleidung**	84

6.5   **Accessoires** 84
6.5.1   Gürtel 84
6.5.2   Tasche 85
6.5.3   Handschuh 86
6.5.4   Accessoires für den Kopf 86
6.5.5   Accessoires für den Fuß 87

6.6   **Differenzierung von Kleidung** 88

6.7   **Modevorbilder** 90
6.7.1   Schamanen 90
6.7.2   Jäger 91

6.8   **Modewandel** 92
6.8.1   Material 92
6.8.2   Farbe 93
6.8.3   Muster 93
6.8.4   Schnitt 94

6.9   **Modekörper** 95
6.9.1   Frisuren 95
6.9.2   Körperbemalungen 96

6.10   **Mannequins** 97
6.10.1   Frauenfigurinen 97
6.10.2   Modepüppchen 98

6.11   **Entstehung von Kleidung** 99
6.11.1   Grundlegende Kleidungsmotive 99
6.11.2   Schutztheorie 99
6.11.3   Schmucktheorie 100
6.11.4   Schamtheorie 101
6.11.5   Zusammenwirken der grundlegenden
         Kleidungsmotive 102

Literatur 104

Register 109

Vorwort

Die **Buchreihe Kleidungskulturen der Welt** basiert auf Ergebnissen des gleichnamigen Forschungsprojektes, das an der Pädagogischen Hochschule Heidelberg unter der Leitung von Prof. Dr. Doris Schmidt, Fach Alltagskultur mit dem Schwerpunkt Mode- und Textilwissenschaft durchgeführt wird.

Kleidungskulturen sind ein wesentlicher Bestandteil der Gesamtkultur von Völkern, Ländern und Epochen. Jede Kleidungskultur ist, allerdings mit unterschiedlicher Gewichtung, durch vielfältige Verflechtungen, etwa mit der Wirtschaft, der Mode, der Religion und der Wissenschaft, charakterisiert.

Im ersten **Band Steinzeit. Am Anfang war das Fell** werden die Anfänge der europäischen Kleidung thematisiert. Im Mittelpunkt steht die altsteinzeitliche Kleidungskultur. Deren Entwicklung wurde von mehreren Bereichen beeinflusst, nämlich von der Wirtschaft (z.B. Mammut als Ressource), der Kunst (z.B. Venusfiguren), der Religion (z.B. Grabbeigaben), der Wissenschaft (z.B. Nähtechnologie) und der Mode (z.B. Schmuck).

Heidelberg im Herbst 2014   Doris Schmidt

1. Steinzeit

1.1 Vorgeschichtliche Zeit

Der Begriff Vorgeschichte (oder Prähistorie, Frühgeschichte, Urgeschichte) hat zwei Bedeutungen. Er bezeichnet erstens denjenigen Zeitraum in der Geschichte des Menschen, aus dem und über den keine schriftlichen Überlieferungen vorliegen. Mit dem Wort Vorgeschichte wird zweitens die Wissenschaft von der Menschheitsgeschichte benannt, die diesen schriftlosen Zeitraum erforscht. Forscher, die sich mit der Vorgeschichte des Menschen befassen, gewinnen ihre Daten im Wesentlichen durch Ausgrabungen und interpretieren diese Daten auf der Basis der ausgegrabenen Funde.

Die vorgeschichtliche Zeit wird in Epochen bzw. Zeitabschnitte eingeteilt, und zwar nach dem jeweils vorherrschenden Werkstoff, der für die Herstellung von Werkzeugen, aber auch von Waffen und Schmuck eingesetzt wurde. Dementsprechend wird die prähistorische Zeit in die Steinzeit (Werkstoff Stein), die Kupferzeit (Werkstoff Kupfer), die Bronzezeit (Werkstoff Bronze) und die Eisenzeit (Werkstoff Eisen) gegliedert.

Diese vier Perioden erstreckten sich allerdings nicht nur in den einzelnen Erdteilen, sondern auch in den einzelnen Ländern und Regionen über unterschiedliche Zeiträume, nämlich abhängig vom jeweiligen technischen Fortschritt.

Anmerkungen: Vgl. Das neue Duden Lexikon 1984, Bd. 10, S. 4016 f., Ethymologisches Wörterbuch 1997, S. 173, 273, 745 f. u. 1353, Hoffmann 1999, S. 63 f., 91 f., 225 u. 360, Lexikon 2000 1990, Bd. 5, S. 1167 f., Bd. 6, S. 1650 f., Bd. 11, S. 3033 u. Bd. 19, S. 5087 f., und Stauffacher Lexikon 1966, S. 598 f., 1017, 2186 u. 3713.

1.2 Steinzeit

Die Steinzeit begann mit dem Gebrauch der ersten Steinwerkzeuge und endete mit dem Übergang zur Metallverarbeitung. Ihren Anfang nahm die Steinzeit in Ostafrika vor ca. 2.5 Millionen Jahren und dauerte in Europa bis etwa 1.800 v.Chr. Die „Mitteleuropäer" bearbeiteten Steine erstmals um 500.000 v.Chr. Mit der Steinbearbeitungstechnik wurden Steine, das sind natürliche, aus Mineralien bestehende feste, harte Körper, handwerklich zu Werkzeugen, Waffen und Schmuck verarbeitet.

Die Steinzeit ist nach dem in dieser Zeit vorherrschenden Werkstoff Stein benannt. Aus Steinen wurden damals vor allem Werkzeuge, aber auch Waffen und Schmuck gefertigt.

Die „Zeit der Steine" wird nach den jeweils betriebenen Wirtschaftsformen in die Altsteinzeit, die Mittlere Steinzeit und die Jungsteinzeit untergliedert.

■ Altsteinzeit (Paläolithikum)

Die Altsteinzeit oder das Paläolithikum (gr. palaios: alt; lithos: Stein) ist der älteste Abschnitt der Urgeschichte der Menschheit. Das Paläolithikum dauerte rund 3 Millionen Jahre. Es begann mit dem Auftreten des ersten Menschen in Afrika vor 2.5 Millionen Jahren und endete in Europa etwa um 8.000 v.Chr. Unter klimatischen Aspekten fiel die Altsteinzeit mit der Eiszeit zusammen. Die Wirtschaftsformen der altsteinzeitlichen Menschen waren das Jagen und das Sammeln.

■ Mittlere Steinzeit (Mesolithikum)

Die Mittlere Steinzeit oder das Mesolithikum (gr. mesos: mittel, mitten; lithos: Stein) umfasste den Zeitraum zwischen der Altsteinzeit und der Jungsteinzeit und lässt sich in Europa auf die Zeit zwischen 8.000−4.000 v.Chr. datieren. Das Mesolithikum begann mit dem Ende der Eiszeit und endete mit der neolithischen (jungsteinzeitlichen) Revolution. Die Mittlere Steinzeit zeigte sich – allerdings mit beträchtlichen regionalen Unterschieden – als eine Übergangsepoche, in der die Menschen zum einen weiterhin vorwiegend der Jagd- und Sammeltätigkeit nachgingen. Zum anderen waren im Mesolithikum bereits erste Anfänge der neuen und eigentlich für die Jungsteinzeit charakteristischen Wirtschaftsformen Ackerbau und Viehzucht zu beobachten. In Europa gilt die Mittlere Steinzeit als eine eigenständige Epoche, nicht zuletzt aufgrund der durch das nacheiszeitliche Klima bedingten Veränderungen der Pflanzen- und Tierwelt (man denke in diesem Zusammenhang beispielsweise an das Aussterben des Mammuts).

■ **Jungsteinzeit (Neolithikum)**

Die Jungsteinzeit oder das Neolithikum (gr. neos: neu; lithos: Stein) schloss sich an die Mittlere Steinzeit an und umfasste in Europa die Zeitspanne von etwa 3.000–1.800 v.Chr. Wichtigstes Kennzeichen der Jungsteinzeit war die endgültige Ablösung der altsteinzeitlichen Wirtschaftsformen des Jagens und des Sammelns durch die jungsteinzeitlichen Wirtschaftsformen des Ackerbaus und der Viehzucht. Aus den umherziehenden Jägern und Sammlern wurden sesshafte Ackerbauern und Viehzüchter.

Anmerkungen: Vgl. Ethymologisches Wörterbuch 1997, S. 1353, Hoffmann 1999, S. 258 ff., 360 ff. u. 278 f., Lexikon 2000 1990, Bd. 17, S. 4583 und Stauffacher Lexikon 1966, S. 2186.

1.3 Altsteinzeit

1.3.1 Gliederung der Altsteinzeit

Der Begriff Altsteinzeit bezeichnet, wie bereits oben erwähnt, den ältesten Teil der menschlichen Vorgeschichte bzw. den ältesten Teil der Steinzeit.

Die Altsteinzeit (Paläolithikum), die längste und älteste Epoche der Steinzeit, wird in drei Zeitabschnitte unterteilt: die ältere, die mittlere und die jüngere Altsteinzeit bzw. in das Alt-, das Mittel- und das Jungpaläolithikum.

Diese Einteilung in drei (bisweilen auch Technokomplexe genannte) Kulturstufen oder kulturelle Entwicklungsschritte wurde von Prähistorikern primär nach den gefundenen altsteinzeitlichen Artefakten vorgenommen. Zu beachten ist in diesem Zusammenhang, dass der Archäologe mit dem Begriff Artefakte nicht etwa Kunstwerke bezeichnet, sondern von Menschen bearbeitetes Werkzeug aus vorgeschichtlicher Zeit. Aus diesem archäologiespezifischen Begriffsgebrauch wird auch die Benennung der drei Kulturstufen als Technokomplexe verständlich.

Der vorgeschichtliche Werkzeuggebrauch ist für den Prähistoriker von besonderem Forschungsinteresse. Denn die vorgeschichtliche Forschung betrachtet die Herstellung von und die Arbeit mit Werkzeugen als den entscheidenden Faktor für die Weiterentwicklung des Menschen.

Der Mensch wird – in Abgrenzung zum Tier – vordergründig als ein Werkzeug herstellendes Lebewesen aufgefasst.

■ Ältere Altsteinzeit (Altpaläolithikum)

Zu Beginn des Altpaläolithikums, das etwa bis 200.000 v.Chr. dauerte, wurden unbearbeitete Steine, beispielsweise zum Zerlegen von Tierknochen oder zum Öffnen von harten Früchten, benutzt. Es wurden aber auch Werkzeuge aus behauenem Steingeröll, die sogenannten Pebble Tools (Kieselstein-Werkzeuge), verwendet. Der charakteristische Artefakt des Altpaläolithikums war jedoch der Allzweck-Faustkeil. Dieses Werkzeug wurde im Verlauf der altpaläolithischen Zeit entwickelt und für viele Zwecke eingesetzt.

■ Mittlere Altsteinzeit (Mittelpaläolithikum)

Typische Funde von steinernen Artefakten aus der etwa bis 35.000 v.Chr. dauernden mittleren Altsteinzeit sind dreieckige und herzförmige Faustkeile, Messer sowie kleine Schaber.

■ Jüngere Altsteinzeit (Jungpaläolithikum)

Für den Werkzeuggebrauch des etwa um 10.000 v.Chr. endenden Jungpaläolithikums ist kennzeichnend, dass erstmals neben langen schmalen Steinklingen auch Werkzeuge aus nicht-steinernen Materialien, wie Knochen, Zähnen und Geweih, entstanden.

1.3.2 Jüngere Altsteinzeit

■ **Kulturstufen der jüngeren Altsteinzeit (Jungpaläolithikum)**
Das europäische Jungpaläolithikum wird in mehrere Kulturstufen gegliedert. Als älteste jungpaläolithische Kulturstufe entstand das Aurignacien (45.000–25.000 v.Chr.) und als jüngste jungpaläolithische und zugleich höchste Kulturstufe der Altsteinzeit insgesamt bildete sich das Magdalénien (16.000–9.500 v.Chr. bzw. in Deutschland 13.000–9.500 v.Chr.) heraus.

■ **Altsteinzeitliche Blütezeit**
Die jüngere Altsteinzeit darf man wohl zu Recht als die Blütezeit der Altsteinzeit bezeichnen. Im Zusammenhang mit der Einwanderung eines neuen Menschentypen nach Europa, dem *Homo sapiens*, entstand in dieser Zeit nämlich eine außergewöhnliche und faszinierende Kulturform, die mehrere gesellschaftliche Bereiche betraf. Im Einzelnen waren dies die Wirtschaft, die Kunst, die Religion, die Wissenschaft und die Mode.

Im Bereich der Wirtschaft entwickelte sich damals das höhere Jägertum. Der *Homo sapiens* entwickelte neue Waffen, allen voran den Pfeil und Bogen.

Im Jungpaläolithikum begann außerdem die Kunst. Der *Homo sapiens* fertigte erste Kunstwerke in Form von Höhlenmalereien, Ritzzeichnungen und Plastiken oder Statuetten an.

Des Weiteren entstand in der jüngeren Altsteinzeit die Religion. Der *Homo sapiens* begann, an übersinnliche Kräfte und an ein Jenseits zu glauben und, daraus resultierend, seine Toten unter Beilegung von Grabbeigaben zu bestatten.

Auf dem Höhepunkt der Altsteinzeit – und dies betrifft die Wissenschaft – kam es zudem zu zahlreichen bewundernswerten Erfindungen im bekleidungs- und textiltechnologischen Bereich. Der *Homo sapiens* benutzte nicht nur neue nicht-steinerne Werkzeugmaterialien (z.B. das Knochenmesser und den Geweihschaber), sondern entwickelte auch neue Werkzeuge (z.B. das Spezialwerkzeug Riemenschneider) und erfand neue Technologien (z.B. das Nähen und Applizieren mit der Nähnadel).

Nicht zuletzt entfaltete sich in der Blütezeit der Altsteinzeit auch die Mode, es entwickelte sich die Distinktionsfunktion der Mode bzw. die Auszeichnungsfunktion der Kleidung. Der *Homo sapiens* verwendete nicht nur im Schmuckbereich neue Materialien (z. B. Mammutelfenbein), neue Formen (z. B. Perlen) und neue Schmuckstücke (z. B. Armreifen), sondern benutzte auch im Gewandbereich neue Materialien (Leder vs. Fell), neue Farben (gefärbt vs. ungefärbt), neue Muster (Malmuster vs. Fellmuster) und neue Schnitte (genäht vs. drapiert). Ebenso nahm der *Homo sapiens* im Körperbereich modisch-distinktive Körperveränderungen vor, zum Beispiel am Kopfhaar (frisiert vs. unfrisiert).

1.3.3 Quellen für altsteinzeitliche Kleidung

Die Quellenlage zur Kleidung in der Altsteinzeit zeigt sich different. Sind zur Erschließung des altsteinzeitlichen Schmuckbereichs zahlreiche Originalfunde (z. B. Elfenbeinanhänger) vorhanden, so gibt es zur Erforschung des altsteinzeitlichen Gewandbereichs aufgrund der Vergänglichkeit von Bekleidungsmaterialien wie Fell und Leder so gut wie keine originalen Funde und es liegen aus dieser vorgeschichtlichen und damit schriftlosen Zeit auch keine schriftlichen Belege vor. Dennoch lässt sich der altsteinzeitliche Gewandbereich – wenn auch nur bis zu einem gewissen Grade und nicht selten spekulativ – mit Hilfe von indirekten Belegen rekonstruieren bzw. „nachzeichnen". Solche indirekten Nachweise existieren allerdings hauptsächlich für die altsteinzeitliche Blütezeit, das Jungpaläolithikum.
Indirekte Auskunft über die Gewänder in der Altsteinzeit geben zum einen Funde aus dem Feld der Wissenschaft, nämlich aus der Bekleidungs- und Textiltechnologie. Hierzu zählen in erster Linie Werkzeuge zur Herstellung von Kleidung (z. B. Pfriem und Nähnadel), aber auch Knochen (Fellarten, z. B. Rentierfell), Farbstoffe (z. B. Rötel), Gerbstoffe (z. B. Eichensäure), Abdrücke auf Tonstücken (z. B. Geflechte) und Textilien (z. B. Netzreste).
Als indirekte Belege für die altsteinzeitliche Mode dienen zum anderen Funde aus dem Bereich der Kunst, zum Beispiel Höhlenmalereien, die bekleidete Menschen zeigen, und kleine Frauenfiguren, die sich als Gewandfiguren präsentieren.

Hilfreich für die Rekonstruktion der paläolithischen Mode sind außerdem Funde aus dem religiösen Bereich. Dazu gehören vor allem die den Toten in Gräbern beigegebenen Schmuckstücke, aus deren Lage sich Rückschlüsse auf Kleidungstücke und Accessoires ziehen lassen.

Zu indirekten Erschließung der altsteinzeitlichen Kleidung in Europa bietet sich nicht zuletzt der völkerkundliche Vergleich an, das heißt der Vergleich mit der Bekleidungsweise historischer und aktueller Naturvölker, die auf einer ähnlichen Kulturstufe und unter ähnlichen klimatischen und lebensräumlichen Bedingungen wie die altsteinzeitlichen „Europäer" lebten und leben (z. B. der Vergleich mit der Bekleidungsweise der arktischen Inuits).

Anmerkungen: Vgl. Buchholz 2008, S. 18 fff., Das neue Duden Lexikon 1984, Bd. 10, S. 4016 f., Hoffmann 1999, S. 30 f., 159 f., 205 f., 244 ff., 298 f., 346 f. u. 360 – 362.

2. Wirtschaft

2.1 Klima

■ **Eiszeit**

Die europäische Altsteinzeit fiel mit der letzten und zugleich jüngsten Eiszeit zusammen. Dementsprechend herrschte im altsteinzeitlichen Europa vorwiegend ein raues, unwirtliches Klima.

Typisch für diese Eiszeit waren extreme Klimawechsel. Zum einen zerfiel die jüngste Eiszeit in Kalt- und Warmphasen. Dauerten die extrem kalten Kaltzeiten etwa 80.000–100.000 Jahre, so erstreckten sich die verhältnismäßig warmen Warmzeiten über 15.000 Jahre. In der Altsteinzeit gab es mindestens 5 große Kaltzeiten, die von Warmzeiten unterbrochen wurden.

Zum anderen traten neben diesen Kalt- und Warmzeiten auch Zwischenzeiten auf. Die Klimaphasen verliefen nämlich nicht etwa gleichmäßig, sondern wurden immer wieder durch kürzere kältere und wärmere Phasen unterbrochen.

■ **Flora und Fauna**

Die starken Klimawechsel während der europäischen Altsteinzeit hatten Auswirkungen auf die Flora und Fauna. In den Warmzeiten war die Pflanzenwelt durch dichte Wälder aus zum Beispiel Birken, Kiefern, Fichten und Tannen gekennzeichnet. Dagegen waren in den Kaltzeiten baumlose Gras- und Strauchsteppen anzutreffen.

Typische Tiere der Warmzeiten waren etwa Waldnashörner, Rothirsche und Luchse und solche der Kaltzeiten beispielsweise Mammuts, Rentiere und Pferde. Manche Tiere, wie die Raubtiere Wolf und Bär, lebten sowohl in den Kälte- als auch in den Wärmeperioden der Eiszeit. Und in den Übergangszeiten konnte man sowohl wärme- als auch kälteorientierte Tiere vorfinden.

Anmerkungen: Vgl. Foucault 2006, S. 6 ff., Hoffmann 1999, S. 91 ff., 159 f. u. 244 ff., Koenigswald v. / Hahn 1981, S. 43 ff., Müller-Beck 2005, S. 12 f.

2.2 Menschenarten

Im Laufe der Altsteinzeit waren in Europa drei Menschentypen anzutreffen: der *Homo erectus*, der Neandertaler und der *Homo sapiens*.

2.2.1 Homo erectus

Der *Homo erectus* lebte in der älteren Altsteinzeit, und zwar während einer Warmzeit. Diesen Sachverhalt belegen entsprechende Funde von Skelettresten wärmeorientierter Tiere.

Die Bezeichnung *Homo erectus* (aufrechter Mensch) ist einerseits stimmig. Denn dieser Menschentyp verfügte, wie Fußspuren nachweisen, in Abgrenzung zum Menschenaffen, über einen aufrechten Gang. Andererseits ist diese Namensgebung irreführend, da sie den Eindruck erweckt, als ob der *Homo erectus* der erste aufrecht stehende Menschentyp gewesen sei. Richtig ist aber, dass bereits der afrikanische *Australopithecus* aufrecht stehen konnte.

Der *Homo erectus* verließ vor 1.5–2 Millionen Jahren als erster Mensch Afrika und wanderte nach Asien und Europa aus. Gründe hierfür waren möglicherweise die Suche nach neuen Nahrungsquellen und/oder die Flucht vor Krankheiten.

In Europa lebte der *Homo erectus* wohl in der Zeit von 800.000–300.000 v.Chr. Als ältester unumstrittener Nachweis eines *Homo erectus* auf dem europäischen Kontinent gilt ein 600.000 Jahre alter Unterkiefer, der 1907 in Mauer bei Heidelberg gefunden wurde. Nach diesem Fund wird der europäische *Homo erectus* bisweilen auch *Homo heidelbergensis* oder *Homo erectus heidelbergensis* genannt.

Der in Europa lebende *Homo erectus* war ungefähr 1.65 m groß, besaß eine fliehende Stirn, wies eine flache Schädelwölbung auf und verfügte über recht große Zähne.

Er war außerdem mit einem Stimmapparat, der anatomischen Voraussetzung für sprachliche Kommunikation, ausgerüstet. Nicht bekannt ist jedoch, ob und in welcher Weise der *Homo erectus* diesen Stimmapparat bereits zur sprachlichen Verständigung nutzte. Vermutlich kommunizierte der europäische Urmensch mittels Gebärden, die er durch emotionale Grunzlaute akustisch unterstützte und unterstrich.

2.2.2 Neandertaler

Die mittlere Altsteinzeit war die Zeit des Neandertalers in Europa. Er lebte dort von 400.000–30.000 v.Chr. und entwickelte sich aus dem europäischen *Homo erectus*.

Die Zeit des klassischen Neandertalers bzw. die Blütezeit des Neandertalers erstreckte sich auf den Zeitraum von etwa 125.000–30.000 v.Chr. In seinen Anfängen lebte der klassische Neandertaler in einer verhältnismäßig warmen Zwischenzeit, auf dem Höhepunkt seiner Entwicklung jedoch in einer Kaltzeit.

Namengeber für den Neandertaler (bzw. *Homo neanderthalensis*) war das Neandertal bei Düsseldorf. Dort wurden 1856 in einer Höhle Skelettreste dieses neuen „Europäers" gefunden, deren Alter auf 100.000–40.000 Jahre geschätzt wird. Die in einigen Publikationen zu findende Bezeichnung Neanderthaler ist übrigens darauf zurückzuführen, dass das Wort Tal früher „Thal" geschrieben wurde.

Charakteristisch für den Neandertaler waren nicht nur auffallend starke Augenwülste, sondern auch ein spezifischer Körperbau, der ihm ein dauerhaftes Überleben in der Eiszeit ermöglichte. Aufgrund seines gedrungenen Körpers, der ihm einen geringen Wärmeverlust bescherte, konnte sich der Neandertaler hervorragend den niedrigen Temperaturen der Kaltzeit anpassen. Und wegen seines robusten, kraftvollen und muskulösen Körpers vermochte der Neandertaler die – vorrangig aus der eiszeitlichen Kälte resultierenden – harten Lebensbedingungen seiner Zeit zu erfüllen und große Überlebensschwierigkeiten zu meistern.

Im Gegensatz zum *Homo erectus* verfügte der Neandertaler mit hoher Wahrscheinlichkeit schon über eine Art rudimentäre Sprache.

2.2.3 Homo sapiens

■ **Homo sapiens**

In der späten Altsteinzeit hielt ein neuer Menschentyp Einzug auf dem europäischen Kontinent: der *Homo sapiens* (weiser Mensch).

Im Gegensatz zum Neandertaler, der aus dem europäischen *Homo erectus* hervorging, entwickelte sich der „weise Mensch" vor 100.000 Jahren aus dem afrikanischen *Homo erectus.*

Wohl auf der Suche nach besseren Lebensbedingungen verließ der *Homo sapiens* Afrika und breitete sich nach und nach weltweit aus. Er gilt als moderner Mensch, als Stammvater der heutigen Menschen. In Europa traf der altsteinzeitliche *Homo sapiens* vor 40.000 Jahren ein und lebte dort bis 10.000 v.Chr. während einer Kaltzeit.

Der neue Einwanderer wurde Crô-Magnon-Mensch genannt, nach dem Ort, an dem 1868 seine Skelettreste gefunden wurden: der Abri (Felsvorsprung; Halbhöhle) Crô Magnon im Département Dordogne, Südwestfrankreich.

Verglichen mit dem Neandertaler besaß der *Homo sapiens* einen grazileren, weniger kältekompatiblen und damit schutzbedürftigeren Körper. Für den *Homo sapiens* war es daher geradezu überlebensnotwendig, seinen Körper durch Bedeckung, also durch Kleidung, gegen klimatische Einflüsse, vor allem gegen Kälte, zu schützen.

Eine Anpassung an das unwirtliche europäische Klima gelang dem *Homo sapiens* auch durch eine nach und nach erfolgende Aufhellung seiner Haut. Eine hellere Haut ermöglichte dem Einwanderer aus Afrika nämlich eine leichtere Absorption des im nördlich gelegenen Europa oftmals schwachen Sonnenlichtes und damit zugleich eine bessere Vitamin D-Produktion.

Im Vergleich zu seinen europäischen Vorgängern besaß der *Homo sapiens* höher stehende geistige Fähigkeiten. Schädelfunde belegen, dass bei diesem modernen Menschen die anatomischen Voraussetzungen für ein artikuliertes Sprechen und eine komplexe Sprache gegeben waren: die Aufwölbung des Gaumens und ein Absenken des Kehlkopfes. Da eine komplexe und differenzierte Sprache die Basis für ein menschliches Miteinander bildet, bedeutete die „Geburt der Sprache" durch den *Homo sapiens* einen entscheidenden Schritt in der menschlichen Evolution.

Der „weise Mensch" beherrschte aber nicht nur die verbale Kommunikation, sondern hatte auch das Wissen um die Sterblichkeit anderer und das Bewusstsein seiner eigenen Sterblichkeit.

Außerdem verfügte er über ein höheres kreativ-künstlerisches Potential als seine europäischen Vorbewohner, das sich beispielsweise in Höhlenmalereien und Schmuckkreationen zeigte.

■ Koexistenz von Homo sapiens und Neandertaler

Der moderne Mensch in Gestalt des Crô-Magnon-Menschen lebte in Europa die ersten 10.000 Jahre zeitgleich mit dem Neandertaler.

Der Kontakt zwischen diesen beiden Menschenarten ist belegt. So wurden beispielsweise in einer in Frankreich gelegenen Lagerstätte des Neandertalers Werkzeuge im *Homo sapiens*-Stil aufgefunden. Derartige Kontakte sind in zweierlei Form vorstellbar. Erstens ist ein Tausch denkbar: Der *Homo sapiens* überließ dem Neandertaler Werkzeuge und erhielt im Gegenzug Felle. Zweitens lässt sich annehmen, dass der *Homo sapiens* beim Herstellen und Verwenden von Werkzeugen vom Neandertaler beobachtet wurde, der dann selbst ähnliche Werkzeuge herstellte.

Die Koexistenz von *Homo sapiens* und Neandertaler endete 30.000 v.Chr., als der Neandertaler ausstarb. Zum Aussterben des in Europa immerhin über 350.000 Jahre existierenden Neandertalers lassen sich drei mutmaßliche Gründe anführen: Krankheit, Unterdrückung durch Gewalt und Verdrängung durch Konkurrenz. Einleuchtend erscheint insbesondere die als letzte angeführte Vermutung. Sie geht davon aus, dass der jüngere *Homo sapiens* die älteren Neandertaler-Populationen durch seine geistige Überlegenheit, die ihm eine bessere Ressourcennutzung ermöglichte, verdrängte. Beispielsweise verhilft eine nur unwesentlich bessere Ressourcennutzung im Nahrungsbereich einer Population zu einer geringeren Sterblichkeit. In diese Argumentationslinie passt, dass in Südfrankreich gegen Ende der jüngeren Altsteinzeit etwa eine Verdreifachung der *Homo-sapiens*-Populationen stattfand.

Anmerkungen: Vgl. Chrisp 2008, S. 20f., 22 u. 24ff., Engeln 2010a, S. 65ff. und 2010b, S. 8ff., Feuerstein-Praßer u.a. 2005, S. 104f., Hoffmann 1999, S. 106ff., Köthe 2003, S. 24ff., 30ff. u. 35f., Kramer 2005, S. 150ff., Loschek 1991, S. 12ff., Parker 2010, S. 61f., 63 u. 65ff., Schnieper / Kruse-Schulz 2001, S. 32ff., 50f. u. 52ff., Schnurr 2012, S. 14 und Witte 2010, S. 6f.

2.3 Jäger und Sammler

Die Menschen der Altsteinzeit führten ihr Leben als Jäger und Sammler und waren bei der Nahrungsbeschaffung auf große Jagd- und Sammelgebiete angewiesen.

2.3.1 Homo erectus

Der in der älteren Altsteinzeit lebende *Homo erectus* sammelte nicht nur Pflanzen (z. B. Beeren, Früchte, Nüsse, Wurzeln) und Tiere (z. B. Jungvögel, Eier, Insekten), sondern entwickelte sich auch zum Jäger. War er anfänglich lediglich ein Wildbeuter, der sich mit der Ausbeutung von totem Großwild begnügte, so wandelte er sich nach und nach zum Jäger, der lebendes Großwild planmäßig jagte und gezielt tötete. Zum Jagen benutzte er Lanzen und Speere. Dieser Sachverhalt ist durch zwei Funde belegt: durch den Fund einer 400.000 Jahre alten Stoßlanze in England und durch den Fund von sieben Holzspeeren gleichen Alters im niedersächsischen Schöningen. Unter gesundheitlicher Perspektive betrachtet, brachte der Gebrauch der Fernwaffe Wurfspeer für den Großwild jagenden *Homo erectus* ein wesentlich geringeres Verletzungsrisiko mit sich als die Benutzung der Nahkampfwaffe Stoßlanze.

2.3.2 Neandertaler

Wie der *Homo erectus* betätigte sich auch der in der mittleren Altsteinzeit lebende Neandertaler als Sammler, in erster Linie war er aber Jäger. Er jagte bevorzugt Großwild, beispielsweise Mammut, Wildpferd und Ren, machte jedoch vermutlich Jagd auf alle damals lebenden Tiere.

An Waffen verwendete er wie sein Vorgänger Lanzen und Speere, die er aber aufgrund seiner großen Muskelkraft viel wuchtiger stoßen und weiter schleudern bzw. werfen konnte als dieser. Ungefähr ab 60.000 v.Chr., im späten Mittelpaläolithikum, verbesserte der Neandertaler sein Waffenarsenal. Die zuvor einteiligen Lanzen und Speere erhielten aufgesetzte Spitzen aus Geweih, Knochen oder Stein (z. B. Feuerstein).

2.3.3 Homo sapiens

Der *Homo sapiens* der jüngeren Altsteinzeit war wie seine Vorgänger Sammler und Jäger. Er jagte wie diese große Säugetiere, allerdings spezialisierte er sich dabei, vorrangig sippen- oder gruppenweise, zum Beispiel auf die Mammut-, Wildpferd-, oder Rentierjagd. Außerdem intensivierte er die Jagd auf kleinere Tierarten (z. B. auf Hase, Hirsch und Vielfraß).

Ebenso nahm im Jungpaläolithikum der Fang von Fischen zu. Zwar deckten schon der *Homo erectus* und der Neandertaler einen Teil ihres Nahrungsbedarfs durch den Fischfang. Das Fangen von Fischen spielte für den *Homo sapiens* aber eine größere Rolle als für seine Vorgänger. Der Grund hierfür waren neue Fanggeräte, die eine Erbeutung von Fischen in größerem Umfang zuließen, etwa Reusen und Netze, aber auch die ansteigende Erwärmung der Gewässer gegen Ende der Altsteinzeit.

Der jungpaläolithische *Homo sapiens* optimierte nicht nur bereits bekannte Waffen, sondern erfand auch neue Waffen. Vor rund 15.000 Jahren konstruierte er eine sehr effektive Knochen- oder Geweihharpune, das heißt einen Speer mit einem Widerhaken bzw. einer stacheligen, gezähnten Spitze. Diese Harpune benutzte der *Homo sapiens* nicht nur beim Fischfang, sondern setzte sie auch bei der Großwildjagd, wahrscheinlich in Verbindung mit einer Speerschleuder, ein. Die Speerschleuder war eine etwa unterarmlange künstliche Armverlängerung und beschleunigte die Wurfgeschwindigkeit von Speeren erheblich. Wie Funde (vor allem in Frankreich, aber auch in Thüringen und der Nordschweiz) belegen, wurde die Speerschleuder im Zeitraum von 21.000–12.000 v.Chr. entwickelt und gebraucht.

Sie wurde dann durch eine wirksamere Fernwaffe abgelöst: den Pfeil und Bogen. Zur Herstellung von Pfeil und Bogen nahm der *Homo sapiens* einen Bogenstab aus Holz und bespannte ihn mit einer Sehne, die aus Tiersehnen, geflochtenen Därmen oder zu einer Schnur gedrehten Pflanzenfasern bestand. Für die vergleichsweise zu Lanzen- und Speerspitzen kleinen Pfeilspitzen gebrauchte der moderne jungpaläolithische Mensch meist Feuerstein.

Im Gegensatz zu den bisherigen Waffen, die mit der Kraft von Menschen gestoßen, geworfen und geschleudert wurden, basierte die neue Fernwaffe Pfeil und Bogen auf Maschinenkraft. An diesem Punkt wird besonders deutlich, weshalb das Jungpaläolithikum als Periode des höheren Jägertums eingestuft wird.

Anmerkungen: Vgl. Feuerstein-Praßer u.a. 2005, S. 114 ff. Hoffmann 1999, S. 140 f., 156 f., 171 f., 186 ff., 231, 297 f., 306 f., 327, 349 f., 350 ff. u. 397, Schnieper / Kruse- Schulz 2022, S. 52 ff. und Schnurr 2012, S. 14.

2.4 Mammut und Rentier

Tiere, allen voran das Mammut und das Rentier, bildeten die wichtigsten Ressourcen in der altsteinzeitlichen Jäger- und Sammlerwirtschaft.

2.4.1 Charaktertiere der Altsteinzeit

Das Mammut, genauer gesagt das Wollhaar- oder Kältesteppenmammut (Mammuthus primigenius), ist eine ausgestorbene Elefantenart und gilt als das Charaktertier der eiszeitlichen Altsteinzeit bis etwa 12.000 v.Chr.

Das Rentier (Ren, skandinav.: Geweihträger), eine die Kälte liebende, heute noch existierende Hirschart, löste das Mammut als altsteinzeitliches Charaktertier ab, und dies aus einem einleuchtenden Grund. Gegen Ende des Jungpaläolithikums nahm die Jagd auf das Mammut ab, da dieses kälteorientierte Tier im Zusammenhang mit der damaligen, zu Ende gehenden Eiszeit nach und nach ausstarb. Im Gegenzug nahm die Bedeutung der Jagd auf andere Tiere, vor allem auf das Rentier, zu. Der Zeitraum von 12.000–8.000 v.Chr. wird daher als Rentierzeitalter bezeichnet: An die Stelle der Mammutkultur trat die Rentierkultur.

2.4.2 Ressourcen der Altsteinzeit

Zur Befriedigung ihrer Grundbedürfnisse nach Nahrung, Kleidung und Behausung gebrauchten die eiszeitlichen Jäger nahezu alle Bestandteile von Mammut und Ren. Es wurden sowohl Fleisch und Mageninhalt, Felle und Haare, Därme und Sehnen, Mägen und Blasen als auch Knochen, Geweihe und Sehnen dieser Tiere verwertet.

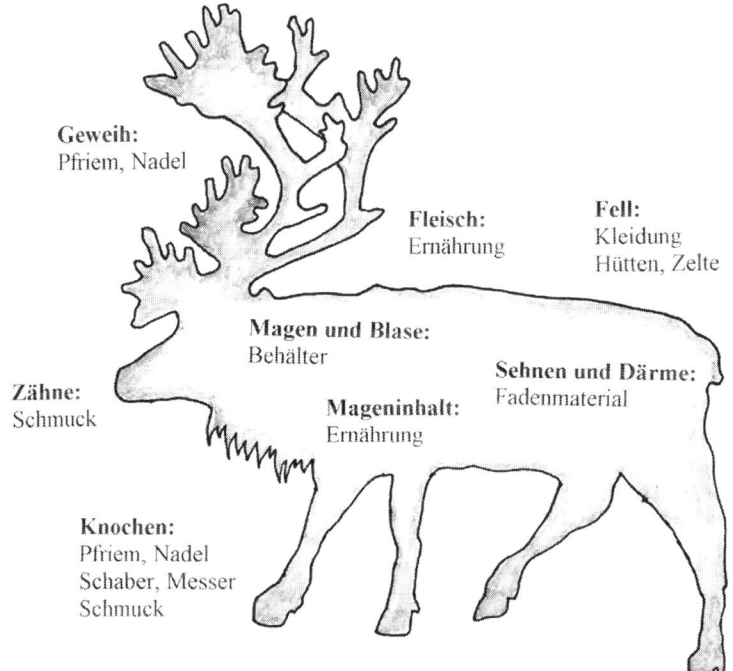

Geweih:
Pfriem, Nadel

Fleisch:
Ernährung

Fell:
Kleidung
Hütten, Zelte

Magen und Blase:
Behälter

Zähne:
Schmuck

Mageninhalt:
Ernährung

Sehnen und Därme:
Fadenmaterial

Knochen:
Pfriem, Nadel
Schaber, Messer
Schmuck

Abb. 1 Rentier als Ressource der Altsteinzeit

■ **Fleisch und Mageninhalt**

Das Fleisch und den Mageninhalt der Großtiere Mammut und Ren nutzten die Eiszeitmenschen für die Ernährung.

■ **Felle und Haare**

Mammut- und Rentierfelle setzten sie als Kleidungsmaterialien, aber auch als Abdeckungen für Hütten und Zelte ein.

Zudem benutzten die altsteinzeitlichen Menschen die bis zu 50 cm langen Grannenhaare (borstenartige grobe Tierhaare) des Mammuts als Fadenmaterial zum Binden, Schnüren, Umwickeln, Gürten und Nähen sowie zur Herstellung von Schmuck (z. B. Ketten und Armreife).

■ **Sehnen und Därme**

Die Sehnen und Därme von Mammut und Ren verwendeten die Menschen der Altsteinzeit ebenfalls als Fadenmaterial.

■ **Magen und Blase**

Aus dem Magen und der Blase stellten die „Europäer" der Altsteinzeit Behälter her.

■ **Knochen**

Als wichtige Rohstoffe im Bedürfnisfeld Kleidung dienten den Eiszeitmenschen Mammut- und Rentierknochen. Diese unvergänglichen Materialien wurden vor allem zur Fertigung von Werkzeugen im Kleidungsbereich (z. B. Pfriem, Nadel, Schaber und Messer), aber auch zur Herstellung von Schmuck (z. B. Perlen und Ketten) herangezogen.

■ **Geweih**

Das Geweih vom Rentier, ein knochenähnliches Material, gebrauchten die paläolithischen Menschen ebenfalls für die Herstellung von Kleidungswerkzeugen (z. B. Pfriem und Nadel). Das Rentiergeweih, ein paariger Knochenauswuchs am Rentierkopf, war weicher als Mammutknochen und ließ sich daher leichter bearbeiten als diese.

■ **Zähne**

Ein besonders harter, unvergänglicher und knochenähnlicher Werkstoff waren die Dentin (Zahnbein) enthaltenden Mammutzähne.

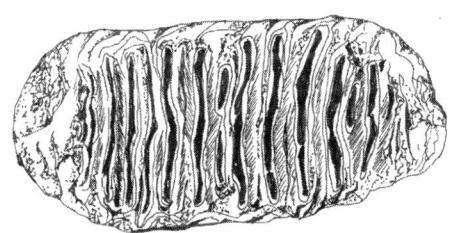

Aus den wuchtigen, über 20 cm langen und jeweils bis zu 20 kg schweren Backenzähnen von ausgewachse-

Abb. 2 Mammutbackenzahn mit Lamellen

nen Mammuts stellte der altsteinzeitliche Mensch die Raspel, ein Werkzeug zur Bearbeitung von Häuten, her. Aufgrund seiner vielen harten Lamellen, das sind dünne Plättchen bzw. Scheiben, eignete sich das Backenzahnmaterial von Bullen und Kühen hierfür besonders gut.

Aber auch die Backenzähne vom Mammutkalb und die Eckzähne vom Ren wurden vom Eiszeitmenschen genutzt, nämlich als Schmuckmaterial. Diese Zähne wurden beispielsweise durchlocht als Anhänger getragen.

Aus den etwa 4 m langen und jeweils 80 kg schweren Stoßzähnen des Mammuts gewannen die eiszeitlichen Jäger das begehrte Mammutelfenbein. Dieses Material wies besonders vorteilhafte Verarbeitungseigenschaften auf. Es war einerseits in trockenem Zustand hart und stabil, und andererseits, wenn es in Wasser eingeweicht wurde, formbar. Aufgrund seiner gleichmäßigen inneren Struktur ließ sich Mammutelfenbein außerdem gut schnitzen und es ließ sich obendrein polieren bzw. glänzend machen. Aus Mammutelfenbein stellten die in der Altsteinzeit lebenden Menschen Nähwerkzeuge (z. B. Nadeln) und Schmuck (z. B. Perlen und Anhänger) her.

Anmerkungen: Vgl. Baykal 2006, S. 72 ff., Chrisp 2008, S. 30 f., Foucault 2006, S. 6 ff., Hoffmann 1999, S. 249 ff. u. 320 f., Patou-Mathis 2006, S. 58 ff. und Tassy 2006, S. 21 ff.

2.5 Behausungen

Die Jäger der Altsteinzeit folgten ihren Beutetieren auf deren jahreszeitlichen Wanderungen. Dieses Nomadenleben wirkte sich auf die altsteinzeitlichen Behausungen aus.

2.5.1 Natürliche Wohnstätten

Der altsteinzeitliche Mensch nutzte zum einen natürlich vorhandene „Wohnräume": Er hauste in Höhlen und Felsen.

■ Höhlen

Als die typischen Wohnstätten der Altsteinzeit gelten Höhlen, die vor allem in Südfrankreich und Nordspanien zahlreich anzutreffen waren. Da es in der Tiefe der Höhlen jedoch feucht und dunkel war, wurden diese entgegen der landläufigen Vorstellung nicht vollständig bewohnt – und wenn, dann nur kurzfristig und wohl vor allem im Winter.

Stattdessen benutzten die paläolithischen Menschen die Eingangsbereiche von Höhlen als Wohnungen und die Höhlenvorplätze als Lagerstätten unter freiem Himmel. Eine solche altsteinzeitliche Höhlennutzung belegt beispielsweise die Vogelherdhöhle im Lonetal, ein beliebtes Quartier der Neandertaler. Es ist gut vorstellbar, dass die dort hausenden Neandertaler die Höhleneingänge mit Fellen gegen Wind und Wetter schützten und die Höhlenquartiere im Eingangsbereich mit Fellen wohnlich auskleideten.

■ **Felsen**

Für kurzfristige Aufenthalte oder Notunterkünfte dienten den Eiszeitmenschen Felsvorsprünge oder Felsnischen, die sogenannten Abris.

2.5.2 Künstliche Wohnstätten

Zum anderen baute der Mensch der Altsteinzeit künstliche Behausungen: Er konstruierte Hütten und Zelte.

■ **Hütten**

Bei der ursprünglichen altsteinzeitlichen Hütte wurde ein Gerüst aus Ästen und Zweigen, etwa durch Verflechten der stärkeren Äste mit den dünneren Zweigen, errichtet. Abgedeckt wurde diese schlichte Hütte mit Laub, Gras oder Fellen. Solche einfachen, runden oder ovalen Hütten mit einem Durchmesser von 3–5 Metern wurden, einschließlich einer Feuerstelle vor dem Eingang, schon vom *Homo erectus* errichtet – zum Beispiel vor 370.000 Jahren in der Nähe von Bilzingsleben, Thüringen.

Gewissermaßen als Fortführung der einfachen ursprünglichen Hütte wurden im Mittelpaläolithikum vom Neandertaler Knochenhütten konstruiert. Er stellte ein Gerüst aus Mammutknochen und Holzstangen auf und bedeckte es mit Fellen, etwa vom Mammut. Die als schützende Abdeckung wirkenden Felle gurtete der Neandertaler mit Tiersehnen und Gerten (das sind dünne biegsame Ruten) zusammen und beschwerte sie zusätzlich mit Mammutknochen. Es ist anzunehmen, dass der Neandertaler Felle nicht nur als Dach-Decken, sondern auch als Schlaf-Decken nutzte, um seinen Körper gegen die eiszeitliche Eiseskälte zu schützen, beispielsweise die Lunge gegen lebensbedrohende Erkrankungen. Zusätzlichen Kälteschutz bot dem Körper des Neandertalers das Feuer, dessen Stelle sich in der Mitte der Knochenhütte befand.

Hütten wurden auch vom *Homo sapiens* errichtet. Er nutzte sie als Basislager. Zum Abdecken der Hüttengerüste aus Holzstangen und Knochen verwendete dieser im Jungpaläolithikum lebende Menschentyp zusammengenähte Tierfelle. Wohl je nach Jagdspezialisierung wurden dafür etwa Mammut-, Pferde- oder Rentierfelle eingesetzt. Zum Beispiel deckten die circa 10.500 v.Chr. im Magdalénien lebenden, auf Pferde spezialisierten Gönnersdorfer Jäger ihre Hütten höchstwahrscheinlich mit Pferdefellen ab. Diese Jägerkultur wurde nach ihrem Lagerplatz Gönnersdorf bei Neuwied benannt. Die Abdeckungen der im Durchmesser rund 7 Meter großen Hütten bestanden aus etwa 40 Pferdehäuten, die mit Hilfe eines Pfriems durchbohrt, mit Sehnen oder Därmen zusammengenäht und am Gerüst angebunden wurden.

■ Zelte

Neben den Hütten, die ihm als feste Wohnsitze dienten, konstruierte der *Homo sapiens* Zelte. Diese transportablen Behausungen waren für ihn ausgesprochen nützlich, da er den Wanderwegen seiner Jagdtiere folgte. Beispielsweise folgten die jungpaläolithischen Rentierjäger zweimal im Jahr den über Hunderte von Kilometern langen Rentierwanderungen, die im Sommer nach Norden und im Winter nach Süden führten. Da es im Norden so gut wie keine Höhlen gab, die als Jagdlager genutzt werden konnten, ging die Erfindung des Rentierzeltes gegen Ende der Eiszeit, vor etwa 38.000–35.000 Jahren, geradezu zwangsläufig vonstatten. Die kleinen jungpaläolithischen Rentierzelte waren nicht nur gut transportierbar, sondern auch leicht auf- und abzubauen. Sie bestanden aus einem kegelförmigen Stangengerüst, das mit Rentierfellen abgedeckt wurde, und wiesen einen Durchmesser von 6–8 cm auf.

Anmerkungen: Vgl. Chrisp 2008, S. 24 f., Feuerstein-Praßer u. a. 2005, S. 114 ff., Bischoff / Engeln 2008, S. 24 ff., Hoffmann 1999, S. 10 f., 40 ff., 52 ff., 156 f., 175 f., 183 u. 401, Köthe 2003, S. 35 ff., Loschek 1991, S. 21 ff. u. 25 ff., Paetsch 2007, S. 42 ff. und Péan 2006, S. 64 ff.

2.6 Nutzung des Feuers

Der Gebrauch des Feuers zählt neben dem Werkzeuggebrauch zu den wichtigsten Errungenschaften des frühen Menschen.

2.6.1 Natürliches und künstliches Feuer

Bereits der *Homo erectus* vermochte die Kraft des Naturelements Feuer zu nutzen. Konnte dieser altpaläolithische Mensch anfangs bloß ein natürliches, etwa durch einen Blitzschlag oder einen Wald- oder Steppenbrand entfachtes, Feuer hüten und bewahren, so lernte er im Laufe der Zeit ein Feuer auf künstliche Art und Weise zu erzeugen.

Anhand von vorgefundenen Feuerstellen kann angenommen werden, dass künstliches Feuer in Europa gegen Ende der älteren Altsteinzeit erzeugt wurde – zum Beispiel in Frankreich vor 750.000 Jahren und in Deutschland vor 400.000 Jahren (Schöningen, Niedersachsen) sowie vor 370.000 Jahren (Bilzingsleben, Thüringen).

Um Feuer künstlich entstehen zu lassen, wurden in der Altsteinzeit vermutlich zwei Methoden angewendet. Die erste Methode bestand darin, durch Reibung von zwei Hölzern Hitze zu erzeugen, und die zweite darin, durch Aneinanderschlagen von bestimmten Steinarten Funken zu schlagen.

2.6.2 Bedeutung der Feuernutzung

In der *Sachdimension* ermöglichte die Feuernutzung dem altsteinzeitlichen Menschen eine weitaus bessere Befriedigung seiner Grundbedürfnisse. Im Hinblick auf das Nahrungsbedürfnis erhöhte das Garen mit Feuer nicht nur die Auswahl, sondern auch die Verträglichkeit von Lebensmitteln. Beispielsweise wurden durch Hitze die in pflanzlichen Lebensmitteln vorhandenen Giftstoffe zerstört und die in tierischen Lebensmitteln vorkommenden Parasiten vernichtet. Das Essen von weich gegartem Fleisch hatte für den paläolithischen Menschen auch organische Auswirkungen: die Abnahme der Kieferstärke und die Verringerung der Zahngröße. Nicht zuletzt wurde durch die Nutzung des Feuers auch die Nahrungsbeschaffung erleichtert, etwa durch die Treibjagd auf Tierherden mit Fackeln.

In Bezug auf das Kleidungsbedürfnis spendete das Feuer Licht und Wärme bei der Herstellung von Kleidung, etwa beim Zusammennähen der Felle oder bei der Anfertigung von Schmuck. Und hinsichtlich des Bedürfnisses nach einer Behausung bot das Feuer Schutz gegen Kälte und Dunkelheit, aber auch vor gefährlichen Raubtieren, etwa vor Bären und Wölfen.

Mit Hilfe von Feuer – und dies betrifft die *Zeitdimension* – ließen sich Kleidungsmaterialien und Nahrungsmittel konservieren. Felle wurden durch Rauchgerbung und Fleischstücke durch Trocknen und Räuchern haltbar gemacht.

Bei Betrachtung der *Raumdimension* begünstigte die Fähigkeit, künstliche Wärme durch Feuer zu erzeugen, die Erschließung von klimatisch ungünstigen (zum Beispiel extrem kalten) Lebensräumen und bewirkte damit zugleich eine Ausweitung der altsteinzeitlichen Besiedlungsräume.

Auch hinsichtlich der *sozialen Dimension* hatte das Feuer eine große Bedeutsamkeit. Denn der Platz um die Feuerstelle wurde von altsteinzeitlichen Sippen als gemeinsamer Interaktionsraum genutzt.

Anmerkungen: Vgl. Chrisp 2008, S. 20 f., Feuerstein-Praßer u. a. 2005, S. 104 ff., Hoffmann 1999, S. 52 ff., 133 ff. u. 337 f. und Parker 2010, S. 61 f.

3. Kunst

Aus dem Jungpaläolithikum stammen die ersten und sehr beeindruckenden europäischen Kunstwerke, nämlich Höhlenmalereien, Ritzzeichnungen und Plastiken. Der zu dieser Zeit auftretende moderne Mensch gilt als „Erfinder" der damals allerdings noch mit magischen Sinnbezügen verknüpften Kunst.

3.1 Höhlenmalereien

■ Europäische Höhlenmalerei

Bei der steinzeitlichen Höhlenmalerei wurden die Wände von Höhlen u.a. mit Holzkohle und Erdfarben bemalt. Handelte es sich anfangs um einfache Strichzeichnungen, so standen am Ende dieser Malkunst mehrfarbige, höchst ausdrucksvolle Gemälde.

Die europäische Höhlenmalerei begann mit der jüngeren Altsteinzeit und endete mit dem Abschluss der Steinzeit (35.000–17.000 v.Chr.). Der Höhepunkt der europäischen Höhlenmalerei fiel in das Magdalénien (Dordogne, Frankreich), der letzten und höchsten jungpaläolithischen Kulturstufe (14.000–9.500 v.Chr.).

In Europa sind heute ungefähr 300 Höhlen mit Höhlenmalereien anzutreffen. Bekannt sind vor allem die vor etwa 100 Jahren entdeckten „Höhlenkunststätten" von Altamira (Südspanien) und Lascaux (Nordfrankreich). Bemerkenswert ist, dass zum Anfertigen der rund 16.000 Jahre alten Lascaux-Malereien an einigen schwer zugänglichen Stellen sogar der Aufbau von Gerüsten erforderlich war.

■ Motive der Höhlenkunst

Die altsteinzeitlichen Höhlengemälde sind einerseits offensichtlich vom eiszeitlichen Alltagsleben inspiriert. Die jungpaläolithischen „Höhlenkünstler" malten überwiegend zeitgenössische Tiere, vor allem Rentiere, Pferde, Bisons und Hirsche, mitunter auch Mammuts. Neben diesen realistischen Tierdarstellungen sind auf den Höhlenbildern bisweilen menschliche Gestalten zu sehen, die stilisiert, bekleidet und manchmal auch maskiert dargestellt sind, sowie Abdrücke von Händen.

Andererseits sind die Wandbilder in den Steinzeithöhlen von Gedanken und Visionen inspiriert. Diesen Hinweis geben nicht deutbare Zeichen oder Symbole auf den Gemälden, etwa gemalte Kreise mit Punkten.

Die beiden unterschiedlichen Inspirationsquellen der altsteinzeitlichen Höhlenmalerei lassen vermuten, dass die vom Alltagsleben inspirierten Höhlengemälde von „Künstlern" stammen und die von Gedanken und Visionen inspirierten Höhlenbildern von Schamanen.

■ **Felsbildkunst**

Die mit dem Jungpaläolithikum endende Höhlenmalerei fand in den Felsgravierungen der Mittelsteinzeit ihre Fortführung. Beide Gestaltungsarten zählen zur Felsbildkunst, die nicht nur in Europa, sondern in der ganzen Welt verbreitet ist.

Die hohe Bedeutsamkeit der steinzeitlichen Felsbildkunst lässt sich daran erkennen, dass von dieser Kunstgattung bis heute über 20 Millionen Darstellungen archiviert wurden. Diese Bildarchive bedeuten zusammen nicht nur das umfangreichste schriftlose Gedächtnis der Geschichte der Menschheit, sondern auch das größte Archiv der Menschheitsgeschichte insgesamt. Im Übrigen sehen einige Forscher in der steinzeitlichen Felsbildkunst den ersten Vorläufer der Schrift.

Anmerkungen: Vgl. Baykal 2006, S. 72 ff., Foucault 2006, S. 6 ff., Hoffmann 1999, S. 128 ff. u. 244 ff., Paetsch 2007, S. 42 ff. und Parker 2010, S. 42 ff. u. 56 ff.

3.2 Ritzzeichnungen

Der moderne Mensch der jüngeren Altsteinzeit malte nicht nur Bilder an Höhlenwände, sondern fertigte auch Ritzzeichnungen an, von denen die ältesten bekannten 50.000–40.000 Jahre alt sind.

Er schnitt mit einem scharfen Gegenstand Zeichnungen in zum Beispiel Knochen, Geweih, Elfenbein und Bernstein ein. Diese künstlerischen Betätigungen des modernen Menschen belegen Ritz- bzw. Gravierwerkzeuge aus Höhlen und vor allem Ritzzeichnungen.

An Ritzzeichnungen der jüngeren Altsteinzeit wurden u. a. gefunden: ein Mammutknochen mit parallelen Linien und Zickzackmuster, ein

Geweihpfriem mit Fischgrätenmuster, eine elfenbeinerne Miniatur eines Höhlenlöwen mit Rauten, ein Stück eines Mammutstoßzahnes mit einer detaillierten Mammutdarstellung und ein Bernsteinamulett mit einem Wildpferdekopf.

Bemerkenswert ist die Ritzzeichnung auf einem Elfenbeinfragment aus dem Pavlovien. Auf dieser sind Berge, gefolgt von einer Siedlung und einem sich schlängelnden Fluss dargestellt. Diese Ritzzeichnung aus Mähren gilt als eine der ersten tradierten Landkarten.

Anmerkungen: Vgl. Baykal 2006, S. 72 ff., Hoffmann 1999, S. 159, 190 u. 309, Parker 2010, S. 64 ff., Péan 2006, S. 64 ff., Svoboda 2006, S. 52 ff. und Weiß 2007, S. 54 ff.

3.3 Plastiken

Die jungpaläolithischen Künstler stellten außer Höhlenmalereien und Ritzzeichnungen auch Plastiken von Tieren, Menschen und Tiermenschen her.

- **Tierfiguren**

Bereits in den Aurignacien, der ältesten Kulturstufe der jüngeren Altsteinzeit (45.000–25.000 v. Chr.), wurden Tierfiguren aus Elfenbein geschnitzt, die zeitgenössische Tiere, beispielsweise Bären, Mammuts, Pferde und Bisons, darstellen.

Die ältesten europäischen Funde von geschnitzten Tierfiguren stammen aus den Höhlen der Schwäbischen Alb. Dazu gehört etwa der über 30.000 Jahre alte, rund 5 cm lange, elfenbeinerne Wasservogel aus der Höhle Hohle Fels, der 2002 gefunden wurde und von vogelkundlichen Kenntnissen schon in der jüngeren Altsteinzeit zeugt.

- **Menschenfiguren**

An Menschenplastiken fertigten die jungpaläolithischen Künstler nahezu ausschließlich Frauenfiguren, die so genannten – an Venus, die römische Göttin der Schönheit und der Liebe erinnernden – Venus-Figuren. Das sind kleine, meist schlanke, bisweilen auch üppige Frauenfiguren aus Stein, Mammutelfenbein oder Knochen.

Die bekannteste und zugleich namengebende Frauenstatuette ist die etwa 28.000 Jahre alte, 10.8 cm hohe Venus von Willendorf aus der niederösterreichischen Wachau. Diese steinerne Venusfigur zeichnet sich durch eine besonders dickleibige weibliche Figur mit extrem großen Brüsten und ausladenden Hüften aus.

Mit einem geschätzten Alter von 35.000 bis 40.000 Jahren ist die elfenbeingeschnitzte „Venus vom Hohle Fels" nicht nur der älteste Frauenfiguranhänger, sondern auch das älteste Beispiel für figürliche Kunst weltweit. Diese Frauenplastik wurde 2008 in der Höhle Hohle Fels auf der Schwäbischen Alb ausgegraben. Wie bei der deutlich jüngeren und steinernen „Venus von Willendorf" wurden bei der elfenbeinernen „Venus vom Hohe Fels" die Weiblichkeitsmerkmale wie Brüste und Hüften übertrieben groß dargestellt.

Besonders ausgefallen präsentiert sich die aus dem Pavlovien stammende „Schwarze Venus" von Dolní Věstonice in Südmähren. Diese 14.5 cm hohe Venusfigur wurde aus Ton geformt und gebrannt, einem für die Altsteinzeit ungewöhnlichen, eigentlich erst ab der Jungsteinzeit verwendeten Werkstoff. Die „Schwarze Venus" wurde zwitterartig, am Oberkörper mit weiblichen und am Unterkörper mit männlichen Geschlechtsmerkmalen, dargestellt.

■ **Tiermenschfiguren**

Plastisch hergestellt wurden im Jungpaläolithikum auch Tiermenschen. Bekannt ist der etwa 32.000 Jahre alte, ungefähr 30 cm hohe elfenbeingeschnitzte Löwenmensch, dessen Fragmente 1939 in der Höhle Hohlenstein-Stadel (Lonetal, Schwäbische Alb) gefunden und 1969 zusammengesetzt wurden. Der Löwenmensch von der Schwäbischen Alb gilt als das älteste bekannte religiöse Bildnis der Welt. Ungeklärt ist, ob es sich bei diesem um die Darstellung eines Schamanen oder gar um das Werk eines Schamanen handelt.

Anmerkungen: Vgl. Baykal 2006, S. 72 ff., Bischoff / Engeln 2008, S. 24 ff., Chrisp 2008, S. 28 f., Foucault 2006, S. 6 ff., Herwig 2009, S. 22, Hoffmann 1999, S. 159, 311 f., 332 u. 389, Patou-Mathis 2006, S. 58 ff., Svoboda 2006, S. 52 ff. und Weiß 2007, S. 54 ff.

4. Religion

Erste Hinweise auf religiöse Vorstellungen gehen auf die jüngere Altsteinzeit zurück.

4.1 Glaube

Die Ausdifferenzierung der Religion in Europa begann mit dem Glauben an eine beseelte Umwelt und an übersinnliche Kräfte. Wie viele Naturvölker fassten die Menschen der Altsteinzeit vermutlich Pflanzen und Tiere sowie Wasser und Steine als beseelte Umwelt auf, in der übersinnliche Kräfte wirkten. Da sich der altsteinzeitliche Mensch weder Naturgewalten noch Schicksalsschläge erklären konnte, schrieb er – gewissermaßen als Angstbewältigungsstrategie – das Auftreten von zum Beispiel Feuerbrünsten und Krankheiten übersinnlichen Kräften oder übernatürlichen Wesen bzw. Geistern zu.

Zusätzlich zum Glauben an übersinnliche Kräfte entwickelte der moderne Mensch der jüngeren Altsteinzeit einen Jenseitsglauben. Da der *Homo sapiens* im Vergleich zu den vorangegangenen Menschentypen über eine höhere Gedächtnisleistung verfügte, konnte er sich sowohl Vergangenes bewusst machen als auch Zukünftiges vorstellen. Dieses neue Bewusstsein von Vergangenheit und Zukunft löste beim jungpaläolithischen *Homo sapiens* verständlicherweise existenzielle Ängste aus, zu deren Bewältigung er den Glauben an ein Jenseits entdeckte.

Anmerkungen: Vgl. Bischoff / Engeln 2008, S. 24 ff. und Kramer 2010, S. 84 f.

4.2 Schamanen

Als Mittler zwischen der altsteinzeitlichen Menschenwelt und Geisterwelt fungierten Schamanen. Wie es bei etlichen Naturvölkern üblich war und ist, nahmen wohl auch die altsteinzeitlichen Schamanen Kontakt mit Geistern auf, indem sie sich mittels Meditation, Tanz und Drogen in einen Trancezustand versetzten.

Der Schamane der Altsteinzeit war eine kultische Person, die mehrere Rollen innehatte. Als Seelsorger (Religion: Priester) sorgte der Schamane für das Seelenheil der altsteinzeitlichen Menschen, als Heiler (Medizin: Arzt) heilte er ihre Krankheiten und möglicherweise malte er auch als Maler (Kunst: Künstler) seine Visionen an die Wände von Höhlen.

Bildliche Quellen aus der jüngeren Altsteinzeit zeigen den Schamanen als Tiermenschwesen. Zum einen sind auf Höhlenbildern Tiermenschgestalten zu sehen, die vermutlich Schamanen darstellen. Zum andern gibt es jungpaläolithische Statuetten, die Tiermenschwesen darstellen, etwa die Löwen-Mensch-Figur aus einer Höhle im Lonetal. Bei dieser aus Elfenbein geschnitzten Figur könnte es sich ebenfalls um einen Schamanen handeln.

Anmerkungen: Vgl. Bischoff / Engeln 2008, S. 24 ff., Hoffmann 1999, S. 333, Hoppál 2002 und Paetsch 2007, S. 42 f.

4.3 Bestattungen

Der im Jungpaläolithikum aufkeimende Jenseitsglaube, der die Vorstellung von einem Leben nach dem Tode beinhaltete, machte ein spezifisches Umgehen mit den mitmenschlichen Verstorbenen erforderlich, das im Bestattungskult seinen Ausdruck fand.

■ **Homo erectus**

In der älteren Altsteinzeit wurden noch keine Bestattungen vorgenommen. Es gibt zwar Skelett- und Knochenfunde vom *Homo erectus*, die aber nicht aus Gräbern stammen.

■ **Neandertaler**

Eine Beerdigung von Verstorbenen erfolgte seit der Neandertalerzeit. Diesen Sachverhalt belegen einige rund 60.000 Jahre alte Neandertaler-Gräber in Ferassie (Dordogne, Frankreich). Neandertaler begruben ihre Toten in Höhlen und legten ihnen Tierknochen und Feuersteine, beides Kennzeichen des eiszeitlichen Neandertalerlebens, ins Grab. Vermutlich beerdigte der Neandertaler Tote jedoch nicht aufgrund irgendwelcher Jenseitsvorstellungen, also aus religiösen Gründen, sondern aufgrund aufkeimender Hygienevorstellungen, also aus medizinischen Gründen.

■ Homo sapiens

Wesentlich häufiger als der mittelpaläolithische Neandertaler bestattete der jungpaläolithische *Homo sapiens* seine Toten. Davon zeugen Funde von *Homo-sapiens*-Gräbern, vor allem in Südwestfrankreich. Dieser Menschentyp begrub Verstorbene an Siedlungsplätzen, beispielsweise in Mulden. Er „behandelte" seine Toten mit Farbstoffen und gab ihnen vielfältige Grabbeigaben mit – beides Ausdruck eines Jenseitsglaubens.

Bei der Farbstoffbehandlung bedeckte der moderne Mensch der jüngeren Altsteinzeit Verstorbene bisweilen mit Asche, vor allem aber bestreute er sie mit rotem Ocker oder bettete sie vollständig in rotem Ocker ein.

Wie Pollenfunde in jungpaläolithischen Gräbern belegen, gab der *Homo sapiens* seinen Toten als Grabbeigaben einerseits jahreszeitliche Blumen oder Heilkräuter mit. Andererseits fügte er Schmuck bei, wie das etwa 25.000 Jahre alte Grab des „Sungir-Mannes" in eindrucksvoller Weise bezeugt. Dieses auf einem Siedlungsplatz am Bach Sungir (bei Vladimir, östlich von Moskau) gelegene Grab enthielt Unmengen an elfenbeinernem Schmuck.

Anmerkungen: Vgl. Bischoff / Engeln 2208, S. 24 ff., Hoffmann 1999, S. 48 ff. und Paetsch 2007, S. 42 ff.

5. Wissenschaft

5.1 Felltechnologie

5.1.1 Felle

Zunächst benutzten die altsteinzeitlichen Menschen für ihre Gewänder naturbelassene Tierfelle, und zwar sowohl Großtier- als auch Kleintierfelle.

■ **Rentierfell**

Von den als wichtigste altsteinzeitliche Überlebensressourcen geltenden Großtieren Mammut und Ren setzten die eiszeitlichen Großwildjäger als Bekleidungsfell sicherlich hauptsächlich das Fell vom Ren, einer heute noch existierenden Tierart, ein. Denn Bekleidungsfelle vom Rentier besitzen besonders positive bekleidungsphysiologische Eigenschaften.

Rentierfelle sind relativ weich und leicht und eigneten sich aufgrund ihres Fellaufbaus, der eine hohe Wärmehaltigkeit garantiert, hervorragend für die Körperbedeckung des „europäischen" Eiszeitmenschen. Das Fell des Ren zeichnet sich nämlich dadurch aus, dass es aus zwei Haarschichten besteht: den Deckhaaren und den kürzeren feinen Haaren. Die langen festen Deckhaare existieren als Hohlhaare. Das sind Haare, die im Innern einen Hohlraum besitzen, in dem sich Luft befindet. Durch die Körperwärme des Ren heizt sich die Hohlraumluft auf. Es entsteht ein Wärmespeicher, der einen hohen Kälteschutz bietet. Die kürzeren feinen Haare des Rentiers bilden eine dichte Schicht zwischen den Deckhaaren und gewährleisteten einen zusätzlichen Schutz gegen Kälte sowie Nässe.

■ **Mammutfell**

Ob dagegen die Menschen der Altsteinzeit auch das Fell vom Mammut, einer ausgestorbenen Tierart, als Bekleidungsfell verwendeten, ist fraglich.

Wie das Rentierfell setzte sich auch das dichte Mammutfell aus zwei Haarschichten zusammen: den Deckhaaren und den Unterhaaren. Die

Deckhaare bestanden aus bis zu einem halben Meter langen zottigen Grannenhaaren (Das Wort grannig bedeutet: mit Grannen, borstig. Borstenartige Haare werden im Zusammenhang mit Barthaar und Schnurbart gebraucht.). Die Unterhaare des Mammuts waren mehrere cm dick und etwa 20–25 cm lang.

Durch seinen zweischichtigen Fellaufbau und einer unter den Unterhaaren sitzenden 2–3 cm dicken Haut mit einer noch umfangreicheren Fettschicht darunter, war das Mammut hervorragend an die altsteinzeitliche Eiseskälte angepasst.

Abb. 3 Mammutfell

Betrachtet man das Mammutfell aus bekleidungsphysiologischer Perspektive, so ergibt sich, dass dieses nur bedingt als Material zur Herstellung von am Körper getragenen Gewändern geeignet war. Zwar bot das Zwei-Schichten-Mammutfell seinem potentiellen Träger eine sehr hohe Wärmehaltigkeit und damit einen ausgezeichneten Kälteschutz. Aufgrund der langen Grannenhaare und vor allem wegen der schweren und starren Haut des Mammuts war das Fell dieses Kältetiers aber nur eingeschränkt geeignet, den altsteinzeitmenschlichen Körper in Bewegung, etwa beim Jagen oder Sammeln, zu bekleiden.

Allerdings ist gut vorstellbar, dass die Großwildjäger der Altsteinzeit Mammutfelle zur Herstellung von Behältnissen benutzten sowie als Schlaf-Felle, also zur Unterlegung und Bedeckung des ruhenden Körpers, gebrauchten.

■ **Kleintierfelle**

Wie sich anhand von Knochenfunden belegen lässt, jagten die eiszeitlichen Jäger nicht nur Großwild. Sie machten auch Jagd auf Kleintiere, nicht zuletzt deswegen, weil deren Felle sich für eiszeitliche Bekleidungszwecke hervorragend eigneten.

So haben der Wolf und der Vielfraß ein von Natur aus frostabweisendes Fell. Der Polarfuchs verfügt über ein dünneres Sommerfell und ein dichteres Winterfell. Und der Schneehase besitzt im Winter ein weißes Fell, das die Sonnenstrahlen auf die Haut lenkt und dadurch den Körper besonders gut erwärmt.

In der Arktis, einem klimatisch mit der Altsteinzeit durchaus vergleichbaren Lebensraum, werden von den dort lebenden Inuit noch heute die Felle dieser zur altsteinzeitlichen Fauna gehörenden Kleintiere zu Bekleidungszwecken genutzt.

5.1.2 Fellgewinnung

Wesentliche Arbeitsschritte bei der altsteinzeitlichen Fellgewinnung waren das Häuten, das Abschaben und das Enthaaren.

■ **Häuten**

Das tote Tier wurde zunächst gehäutet. Bis zum Jungpaläolithikum erfolgte das Häuten mit dem Faustkeil oder mit dem Steinmesser. Wies der Faustkeil, das steinerne, allseitig scharfkantige Allzweckwerkzeug der älteren und mittleren Altsteinzeit, eine keilförmige Spitze auf, so war für das Steinmesser eine scharfe, nicht selten gezahnte Schneide kennzeichnend. Zur Optimierung der Schnittführung sowie zum Handschutz umhüllten der *Homo erectus* und der Neandertaler diese beiden Werkzeuge vermutlich mit einfachen Fellwicklungen oder einer Art Fellsack.

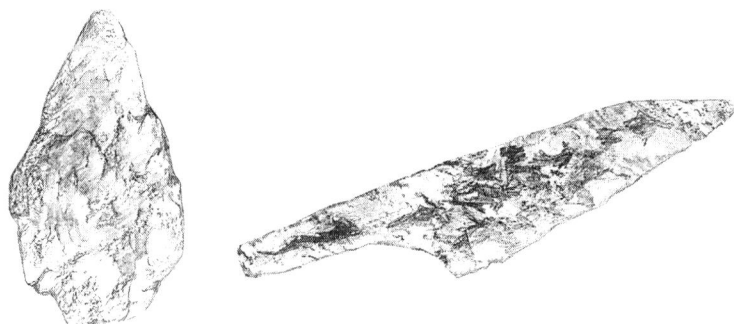

Abb. 4 Faustkeil und Steinmesser

Seit dem Jungpaläolithikum verwendeten die modernen Menschen zum Aufschlitzen und Ziehen des Fells vom toten Tierkörper das Knochenmesser (z. B. aus Rentierknochen) oder den Riemenschneider. Der Riemenschneider, ein Werkzeug der jungpaläolithischen Rentierjäger, war ein messerartiges und ein zusammengesetztes Werkzeug: In ein Knochen- oder Geweihstück vom Rentier wurde ein Messer eingesetzt. Der Riemenschneider war letztlich ein Messer mit einem langen Griff, der die beim einfachen Messer nötigen Handschutzumwicklungen überflüssig machte.

■ Abschaben

Nach dem Häuten schabten die eiszeitlichen Jäger von der abgelösten Haut die Fleischreste ab. Das Abschaben der Fleischreste erfolgte bis zur jüngeren Altsteinzeit mit dem steinernen All-round-Werkzeug Faustkeil oder mit dem Spezialwerkzeug Steinschaber.

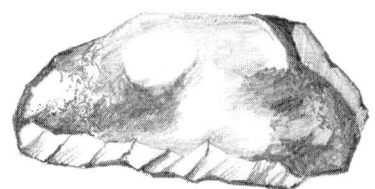

Abb. 5 Schaber

Der Steinschaber wurde meist aus Abschlägen, etwa von einem großen Stein, hergestellt. Durch die beim Abschlagen entstehenden scharfen Kanten verfügte der Schaber über eine gute Schneide, die zum Schaben, aber auch zum Schneiden geeignet war.

Im Jungpaläolithikum wurde das Abschaben der Fleischreste weiterhin mit dem Schaber durchgeführt, der jetzt allerdings nicht mehr aus Stein, sondern aus zum Beispiel Mammut- oder Rentierknochen, bestand.

■ **Enthaaren**

Optional wurde das von Fleischresten befreite Fell enthaart. Vermutlich lockerte der altsteinzeitliche „Fellpräparator" die Fellhaare vor der eigentlichen Enthaarung, zum Beispiel dadurch, dass er das Fell mehrere Tage einweichte.

Anschließend schabte er die Haare mit einem Schaber ab. Die schabende Funktion dieses Werkzeugs wurde somit nicht nur zum Abschaben der Fleischreste (mit der breiten Arbeitskante des Schabers), sondern auch zum Abschaben der Haare (mit der schmalen Arbeitskante des Schabers) genutzt.

Als Ergebnis des Enthaarens erhielten die Menschen der Altsteinzeit Rohleder.

Anmerkungen: Vgl. Hoffmann 1999, 122 ff., 249 ff., 260 f., 323 u. 327 f., Patou-Mathis 2006, S. 58 ff., Péan 2006, S. 64 ff. und Schmidt 2010, S. 142 ff., 147 f. u. 154 ff. und 2012, S. 14 ff.

5.2 Ledertechnologie

5.2.1 Leder

Spätestens seit dem Jungpaläolithikum verwendeten die „Alteuropäer" für ihre Gewänder auch gegerbte Tierfelle. Eine gute Gerbeignung hatte zum Beispiel das Rentierfell.

Durch Gerben verbesserte der altsteinzeitliche Mensch die Eigenschaften seiner Bekleidungsmaterialien maßgeblich. Im Vergleich zu den bislang ungegerbten Tierhäuten (Fellen) wiesen die gegerbten Tierhäute (Leder) einerseits bessere bekleidungsphysiologische Eigenschaften auf, zum Beispiel eine größere Elastizität und Geschmeidigkeit sowie eine höhere Wasser- und Feuchtebeständigkeit.

Andererseits besaß Leder vergleichsweise zu Fell auch vorteilhaftere bekleidungstechnologische Eigenschaften, beispielsweise eine bessere nähtechnologische und färbtechnologische Verarbeitbarkeit.

5.2.2 Ledergewinnung

Wohl schon seit der mittleren Altsteinzeit, also schon seit der Neandertalerzeit, wurden tierische Rohhäute mit der Gerbtechnologie zu Leder verarbeitet. Das Gerben diente grundsätzlich dem Haltbarmachen von Fellen und Häuten, die in trockenem Rohzustand leicht brachen und im nassen Zustand schnell faulten.

Im Allgemeinen werden meist enthaarte Felle gegerbt. Es können aber auch nicht enthaarte Felle gegerbt werden. Zum Beispiel ließen die Prärie- und Plainsindianer die haarige Außenseite ihrer Bisonroben unbehandelt und gerbten nur die Fellinnenseite. Ebenso beließen die subarktischen Indianer an ihren Karibu-Wintermänteln das Fell und gerbten nur die Hautseite, wobei diese nach innen oder nach außen getragen wurde.

5.2.2.1 Fettgerbung

Zu der altsteinzeitlichen Gerbtechnologie gibt es aufgrund der Vergänglichkeit des Materials keine eindeutigen Belege. Vieles spricht jedoch dafür, dass die altsteinzeitlichen Menschen die Fettgerbung, eines der ältesten Gerbverfahren, kannten und praktizierten.

Durch die Fettgerbung (Fachausdruck: Sämischgerbung) wurden Tierhäute, vor allem Wildhäute, besonders weich und biegsam und zudem wasserabweisend bzw. wasserdicht gemacht.

■ **Fettgerbung mit tiereigenem Fett**

Von den in der Arktis lebenden nordamerikanischen Inuit ist bekannt, dass sie ihre Karibufelle (Felle vom nordamerikanischen Rentier) entweder mit dem Schaber (Handarbeit) oder durch Stampfen (Fußarbeit) oder durch Kauen (Zahnarbeit) gerbten. Bei dieser Art der Fettgerbung wurde das tiereigene Fett in die Haut eingearbeitet. Durch das häufige Kauen von Fellen hatten Inuitfrauen oftmals bis auf den Gaumen abgewetzte Zähne. Hier findet sich eine interessante Parallele zu dem Zustand der Zähne von Neandertalern. An den aufgefundenen Gebissen von Neandertalern fällt auf, dass diese besonders kräftige und außergewöhnlich herausragende Schneidezähne hatten. Zudem ist zur erkennen, dass die Schneidezähne älterer Neandertaler stark abgewetzt waren. Dieser Zahnbefund legt die Vermutung nahe, dass schon die Neandertaler ihre Felle durch Kauen gerbten.

In der Altsteinzeit erfolgte das Eintragen von tiereigenem Fett zum Zwecke der Gerbung wohl auch durch Einreiben, etwa von Rentierhirn. Das Einreiben von Karibuhäuten mit Karibuhirn war etwa in der nordamerikanischen Subarktis üblich und in den nordamerikanischen Prärien und Plains wurden Tierhäute durch das Einreiben einer Mischung aus Hirn, Fett, Galle und Leber gegerbt.

■ **Fettgerbung mit tierfremdem Fett**

Wahrscheinlich gerbten die altsteinzeitlichen Menschen ihre Bekleidungsfelle nicht nur mit tiereigenem Fett, sondern auch durch das Einreiben von Fetten anderer Tiere. Aufgrund ihrer gerbenden Eigenschaften eigneten sich dafür vor allem Trane (das sind Fette aus dem Speck von z. B. Robben und Walen sowie Fette aus der Leber von z. B. Dorsch). Aufschlussreiche Hinweise auf das Praktizieren einer Sämischgerbung mit „tierfremden" Fetten durch den altsteinzeitlichen *Homo sapiens* geben Bodenproben, die aus jungpaläolithischen Fundplätzen stammen. Zum Beispiel fand man in Geißenklösterle (Schwäbische Alb) im Bereich der Feuerstelle Fette, die in Tierleber oder Fischöl vorkommen. Im Übrigen erfolgt Fettgerbung heute in der Regel unter der Verwendung von (Dorsch-)Tran als Lederfett.

5.2.2.2 Rauchgerbung

Neben der Fettgerbung führten die altsteinzeitlichen Menschen sicherlich auch die Rauchgerbung durch, die wie die Fettgerbung zu den ältesten Gerbverfahren gehört. Eine unerlässliche Voraussetzung für die Rauchgerbung ist die Feuernutzung, eine Fähigkeit, über die bereits der altpaläolithische *Homo erectus* verfügte.

■ **Natürliche Rauchgerbung**

Es kann mit einiger Sicherheit davon ausgegangen werden, dass die altsteinzeitlichen „Europäer" ihre Felle zunächst einer ungeplanten natürlichen Räucherung auslieferten. Dadurch, dass diese Menschen am offenen Feuer saßen, arbeiteten und schliefen oder dort ihre Fleischreste abbrannten, waren ihre Bekleidungs- und Schlaffelle zwangsläufig einer ständigen natürlichen Räucherung ausgesetzt.

Mit einer natürlichen Räucherung, welche die Behausung betrifft, kamen beispielsweise die als Nomaden lebenden Rentierjäger des Magdalénien (12.000–8.000 v.Chr.) in Berührung. Da diese jungpaläolithischen Jäger den weiten Wanderungen der Rentiere folgten, benötigten sie transportable Unterkünfte und erfanden das Rentierzelt, ein kegelförmiges Stangenzelt, das mit Rentierfellen abgedeckt wurde. Da sich in der Zeltmitte oftmals eine Feuerstelle befand, es aber keinen Rauchabzug im Zelt gab, wurden die das Zelt abdeckenden Rentierfelle auf eine natürliche Art und Weise rauchgegerbt.

■ **Künstliche Rauchgerbung**

Sobald die Altsteinzeitmenschen durch alltägliche Erfahrungen erkannten, dass Tierfelle durch Rauch konserviert werden, nahmen sie an diesen geplant eine künstliche Räucherung vor.

Das Räuchern enthaarter und gegerbter Felle war beispielsweise bei den nordamerikanischen Indianerkulturen, etwa im Waldland, in den Prärien und Plains, in der Arktis und in der Subarktis weit verbreitet.

Die altsteinzeitliche Rauchgerbung könnte der Rauchgerbung bei den nordamerikanischen Inuit geglichen haben: Ein enthaartes Fell wurde mehrere Stunden mit Wasser geschrubbt und dann über brennende Holzstücke gehängt.

5.2.2.3 Pflanzengerbung

Außer der Fett- und der Rauchgerbung wurde in der Altsteinzeit vermutlich auch die Pflanzengerbung betrieben. Dieses verhältnismäßig anspruchsvolle Gerbverfahren wird gewöhnlich mit Hilfe von vegetabilen Gerbstoffen durchgeführt, die aus Pflanzenteilen, etwa aus Rinden, gewonnen werden.

Das Haltbarmachen von Tierfellen mittels verschiedener Rindensubstanzen unter Verwendung von Wasser gehörte und gehört zu den gängigen Gerbtechniken außereuropäischer Kleidungskulturen. Beispielsweise gerbten die in Alaska lebenden Inuit Karibuhäute mit gekochter Erlenrinde.

Es ist denkbar, dass die altsteinzeitlichen Menschen ihre Tierhäute ebenfalls mit Gerbrinden gerbten, zum Beispiel mit den Rinden von

Weiden und Birken. Diese Bäume zählten nicht nur zur paläolithischen Flora, sondern wurden damals auch nachweislich, etwa beim Fang von Fischen, genutzt. Weiden verwendete der altsteinzeitliche Fischer zur Herstellung von Reusen (Geräte zum Fischfang). Und durchlochte Birkenrindenstücke setzte er als Netzschwimmer (Träger von Fischnetzen) ein.

Einen Hinweis darauf, dass möglicherweise schon der Neandertaler mit Rinden gerbte, gibt der Fund eines Abschlages in Sachsen-Anhalt, an dem Eichensäure haftete. Es wird vermutet, dass der Neandertaler diesen Abschlag als Werkzeug beim Lösen von Gerbstoffen aus Eichenrinde einsetzte.

In Anlehnung an die Pflanzengerbung bei den frühen Inuit Alaskas könnte der altsteinzeitliche „Gerber" beim Lösen der Gerbstoffe aus Weiden-, Birken- und Eichenrinden folgendermaßen vorgegangen sein: Er zerkleinerte die Rinden, weichte sie einige Tage ein, kochte sie dann mehrere Stunden und seihte schließlich die Rindenstücke ab.

5.2.3 Lederzurichtung

Aufgefundene Poliergeräte (das sind Geräte zum Glätten und Schleifen sowie zur Erzeugung von Glanz) deuten auf eine altsteinzeitliche Lederzurichtung hin.

Als Geräte zum Polieren von Leder dienten bis zum Jungpaläolithikum Glätt-, Schleif- oder Poliersteine mit einem schräg abgeschlagenen, durch mehrfachen Gebrauch rund und glatt gewordenen Ende.

Seit dem Jungpaläolithikum wurde Leder zusätzlich mit länglichen Glättern aus Rippenknochen, Geweih oder Mammutelfenbein poliert. Letzteres war aufgrund seiner harten Lamellen zum Abraspeln von Häuten besonders gut geeignet. Die länglichen Leder-Glätter hatten parallele Kanten, eine nach außen gewölbte Ober- und Unterkante sowie ein durch Gebrauch abgerundetes Ende.

Der altsteinzeitliche „Lederzurichter" benutzte seine Poliergeräte einerseits zum Glätten und Schleifen von Leder. Er beseitigte Unebenheiten auf dem natürlichen Material Leder und machte die gegerbten Tierhäute durch seine Behandlung nicht nur geschmeidiger, sondern auch gleichmäßig dünn. Andererseits verwendete er seine Poliergeräte zum Reiben von Leder und erzeugte dadurch Glanz.

Das Polieren von Leder war auch bei Naturvölkern, etwa bei den nordamerikanischen Indianern, üblich. In der Subarktis polierten indianische Ureinwohner Leder mit Holz und in den Prärien und Plains zogen sie ihre gegerbten Tierhäute über geflochtene Lederriemen.

Anmerkungen: Vgl. Buchholz 2008, S. 123ff., Eberle u.a. 1991, S. 112f., Feuerstein-Praßer u.a. 2005, S. 104ff., Hoffmann 1999, 40ff., 140f., 148, 151, 280, 319f., 321f. u. 334f., Karmann 2006, S. 11ff., Kästner 2006, S. 6ff., Köthe 2003, S. 30ff., Loschek 1991, S. 17ff., Mann 2006, S. 47ff., Oakes 1996, S. 38ff. u. 40ff. Paetsch 2005, S. 124ff., Patou-Mathis 2006, S. 58ff., Schmalz 2006, S. 61ff., Schmidt 2012, S. 154ff. und Schnieper / Kruse-Schulz 2002, S. 50f.

5.3 Färbtechnologie

5.3.1 Farben

■ **Erdfarben**

Mit ziemlicher Sicherheit färbten die „Alteuropäer" spätestens seit dem Jungpaläolithikum Tierhäute und verwendeten dazu bevorzugt die eisenhaltigen Erdfarben Ocker und Rötel. Rötel kommt als rotbraune Farbe vor und Ocker tritt als rote, gelbe und braune Farbe auf. Vor allem in ihrer roten Erscheinungsform ist der Gebrauch dieser Erdfarben in jungpaläolithischer Zeit mehrfach belegt, sowohl für den Bereich der Religion als auch für das Gebiet der Kunst.

Zahlreiche Funde aus der jüngeren Altsteinzeit zeigen die Bedeutsamkeit der roten Farbe – und dies betrifft den Religionsbereich – in der damaligen Bestattungskultur. Verstorbene wurden beispielsweise auf eine rot gefärbte Erdschicht gebettet und mit roter Farbe bestreut. Auch der den Toten mitgegebene Bestattungsschmuck enthielt rote Farbspuren, die unter dem Mikroskop offensichtlich werden.

Im Kunstbereich wurden Farben im Jungpaläolithikum vorrangig in der Höhlenmalerei eingesetzt. Bei diesen Höhlenmalereien handelte es sich um mehrfarbige „Wand"-Bilder, zu deren Herstellung die altsteinzeitlichen Künstler häufig den roten Ocker als Malfarbe benutzten. Spuren einer roten Bemalung finden sich außerdem auf den Venusfiguren, den kleinen aus Stein gehauenen oder aus Knochen und Elfenbein geschnitzten Frauenfiguren der jüngeren Altsteinzeit.

Rot gilt als diejenige Farbe, die vom „europäischen" Steinzeitmenschen bevorzugt verwendet wurde. Als Erklärung dafür wird unter anderem angenommen, dass die Farbe Rot zwei elementare menschliche Erfahrungen symbolisiert, nämlich den alltäglichen Umgang und Kontakt mit Feuer und Blut. Möglicherweise setzte der jungpaläolithische *Homo sapiens* aufgrund seiner Beobachtungen bei der Jagd Blut mit Lebenskraft gleich. So konnte er beispielsweise beobachten, dass ein erlegtes Rentier sein Blut und damit zugleich seine Lebenskraft verlor. Sicherlich erfuhr er zudem im Umgang mit Blut, dass getrocknetes Blut die Farbe Braun ergab, und sich daher nicht für die Verwendung als rote Farbe eignete. Er benutzte daher rote Erdfarben zur Darstellung oder zum Ausdruck von Lebenskraft.

■ Kleiderfarben

Da der jungpaläolithische *Homo sapiens* sowohl im religiösen als auch im künstlerischen Bereich die Erdfarben Ocker und Rötel gebrauchte, liegt die Vermutung nahe, dass er diese Farben auch im modischen Bereich, und zwar als Kleider- bzw. Gewandfarben einsetzte. Dafür spricht zum einen, dass viele Naturvölker und daher wohl auch die Menschen der Altsteinzeit keinen Unterschied zwischen den Farben des Malers und den Farben des Färbers machten.

Zum anderen wären die Erdfarben Ocker und Rötel zum Färben von altsteinzeitlichen Gewändern geeignet gewesen, da sie aufgrund ihrer organischen Herkunft dauerhaft, vor allem farbbeständig und wasserfest, und zudem pulverisierbar sind. Und schließlich – und dies ist sicherlich der gewichtigste Grund – wäre der Einsatz von Ocker und Rötel als altsteinzeitliche Kleiderfarben auch färbtechnologisch möglich gewesen. So ist von der Erdfarbe Ocker bekannt, dass diese sich zwar nicht für das Färben von Textilien, aber durchaus für das Färben von Leder eignet.

5.3.2 Färben

■ Färben beim Gerben

Es ist anzunehmen, dass die in der jüngeren Altsteinzeit lebenden Menschen Tierhäute beim Gerben färbten. Diese Annahme wird zum einen dadurch erhärtet, dass etliche Naturvölker das gleichzeitige Gerben und Färben von Tierhäuten praktizierten, und zwar bei der Sämischgerbung (Fettgerbung). Hierbei wurden zunächst Tran oder andere tierische Fette mit Farbsubstanzen gemischt. Dann wurde diese Fett-Farb-Mischung in die dafür vorgesehenen Tierhäute eingerieben. Als Ergebnis erhielt man gegerbte und zugleich gefärbte Häute.

Zum anderen geben Bodenproben von Rötel in Verbindung mit Fett, die aus jungpaläolithischen Fundstellen stammen, einen gewichtigen, nämlich originalen Hinweis auf ein altsteinzeitliches Färben beim Fettgerben.

■ Färben nach dem Gerben

Vermutlich färbten die modernen Menschen der Altsteinzeit wie etliche Naturvölker Tierhäute auch nach dem Gerben.

Zum Beispiel färbten die Inuit gegerbte und gebleichte Tierhäute (z. B. Robbenhäute) mit Steinen, indem sie die Tierhäute ableckten und über Steine zogen. Durch das Bleioxid in den Steinen erhielten die Inuitindianer als Färbeergebnis Häute mit einer roten oder gelblichen Färbung. Eine derartige Steinfärbung könnte auch in der Alt-Stein-Zeit erfolgt sein.

Von den frühen Inuit ist außerdem bekannt, dass sie gegerbte und gebleichte Häute mit gekochter Erlenrinde färbten. Das Färben mit Erlenrinde wurde vor allem in Alaska praktiziert und ergab rötlichbraun gefärbte Tierhäute. Eine pflanzliche Färbung von gegerbten Häuten ist auch für die jüngere Altsteinzeit denkbar. Als Lieferanten für Gerbrinden standen den jungpaläolithischen „Färbern" etwa Birken zur Verfügung – Bäume, die wie Erlen zur Gattung der Birkengewächse gehören. Darüber hinaus ist belegt, dass für die Höhlenmalereien im Magdalénien u. a. Pflanzensäfte verwendet wurden.

Anmerkungen: Vgl. Bruns 1989, S. 7 f., Eberle u. a. 1991, S. 112 f., Heller 1995, S. 51 f., Hoffmann 1999, S. 48 ff., 128 ff., 160 f., 244 ff., 287 u. 325, Oakes 1996, S. 38 ff., Ploss 1989, S. 21 ff. u. 28 ff. und Scheer 1995, S. 49 ff.

5.4 Maltechnologie

Vielleicht wurden Tierhäute in der jüngeren Altsteinzeit nicht nur gefärbt, sondern auch bemalt.

■ **Wandmalereien der jüngeren Altsteinzeit**

Es ist gut vorstellbar, dass der moderne Mensch damals nicht nur die Wände von Höhlen durch Bemalung gestaltete, sondern auch das Material seiner Kleidung durch Bemalen verzierte. Denn die in jungpaläolithischen Höhlen gefundenen Malwerkzeuge (wie Mörser, Stößel und Reibschalen) und Malmaterialien (wie Farbpulver von Ocker und Rötel sowie Behälter aus Röhrenknochen zum Aufbewahren des Farbpulvers) wären nicht nur für die Wandmalerei, sondern auch für die Ledermalerei geeignet gewesen.

■ **Ledermalereien bei Naturvölkern**

Die Bemalung von Lederhäuten gehörte bei den Lederkleidung tragenden Naturvölkern zu den gängigen flächengestaltenden Technologien. Beispielsweise bemalten die nordamerikanischen Indianer der Subarktis gegerbte Karibuhäute mit einer Mischung aus Erdpigmenten und Fischeiersaft und gingen dabei folgendermaßen vor: Zuerst wurde ein Saft aus zerdrückten und gesiebten Fischeiern gewonnen. Danach wurde dieser eiweißhaltige Fischeiersaft, der sich aufgrund seiner Eiweißhaltigkeit als Bindemittel eignete, mit pulverisierten Erdfarben vermischt. Diese Mischung wurde auf Karibuleder aufgetragen, das dadurch eine rot-braune Tönung erhielt.

■ **Ledermalerei im Jungpaläolithikum**

Unter Rückgriff auf die Wandmalereien der jüngeren Altsteinzeit und auf die Ledermalerei bei Naturvölkern könnte eine jungpaläolithische Ledermalerei wie folgt durchgeführt worden sein: Der jungpaläolithische „Ledermaler" pulverisierte in einem ersten Arbeitsschritt Erdfarben. Er zerstieß, zerkleinerte und zerrieb etwa Ocker oder Rötel in einem steinernen Mörser und benutzte dazu einen steinernen Stößel.

In einem zweiten Arbeitsschritt stellte der „Ledermaler" eine Farbpaste her. Er rührte pulverisierte Farben mit einem Bindemittel (z.B. Eiweiß) zu einer gleichmäßig gefärbten Paste an. Beim dritten Arbeitsschritt trug der „Ledermaler" die Farbpaste auf eine gegerbte Tierhaut bzw. auf die Lederseite der Tierhaut auf. Zum Auftrag der Farbpaste benutzte er etwa einen Pinsel mit grobem Tierhaar (z.B. Rosshaar) oder ein Stückchen Fell.

Anmerkungen: Vgl. Hoffmann 1999, S. 128 ff., 269 u. 319 f. und Mann 2006, S. 47 ff.

5.5 Fadentechnologie

Das Zuschneiden von Fell und Leder war wohl schon dem Neandertaler bekannt. Er verwendete dafür eine scharfe Feuersteinklinge oder ein Steinmesser.

5.5.1 Tierische Nähfäden

Zum Zusammennähen der zugeschnittenen Fell- und Lederteile benutzte der altsteinzeitliche Mensch vor allem tierische Nähmaterialien. Tierische Nähmaterialien von hoher Reißfestigkeit wurden damals aus Tierhaaren (z.B. Pferdeschwanzhaare und Mammutgrannenhaare) sowie aus Sehnen und Därmen (z.B. vom Mammut, Ren und Wildpferd) gewonnen. Es wurden aber auch Lederriemen (z.B. aus Rentierleder) eingesetzt.

■ **Sehnendrillen**

Sehnenfäden sowie Fäden aus Därmen wurden in der Altsteinzeit mit der Drilltechnologie, einer Vorform der Spinntechnologie, erzeugt. Werden beim eigentlichen Handspinnen (das wahrscheinlich erst seit der Jungsteinzeit praktiziert wurde) Fasern mit der Handspindel zusammengedreht, so wurden beim altsteinzeitlichen Drillen Fasern bzw. faserähnliche Gebilde zum Beispiel durch Rollen auf dem Oberschenkel zusammengedreht.

Die Erzeugung von zum Beispiel Rentiersehnenfäden könnte in der Altsteinzeit auf die gleiche Weise erfolgt sein wie bei den Indianern der Subarktis. Als Rohmaterial zur Fadenherstellung wurde von dieser Völkergruppe die Sehne, die entlang der Wirbelsäule des Rentiers verläuft, bevorzugt, und zwar aufgrund ihrer beachtlichen, etwa 50 cm betragenden Länge.

Die Rentiersehnen wurden zunächst präpariert: Von den Sehnen wurden die Fleischreste durch Schaben oder Kauen entfernt. Dann wurden die entfleischten Sehnen gewaschen und getrocknet. Abschließend wurden die relativ dicken Sehnenstränge der Länge nach in einzelne dünne Stränge gespalten.

Nach diesen präparierenden Arbeitsschritten erfolgte das Drillen: Die dünnen Stränge wurden mit dem Mund befeuchtet bzw. durch die Lippen gezogen und danach auf dem nackten Oberschenkel gerollt, bis ein mehr oder weniger stark gedrillter Faden entstand.

Die in der Altsteinzeit auf diese oder ähnliche Weise hergestellten Sehnenfäden eigneten sich hervorragend als Nähmaterial. Mit einer Fadenstärke von ca. 5 mm waren sie sehr dünn und dennoch reißfest.

■ Riemenschneiden

Zur Herstellung von Lederriemen wurden in der jüngeren Altsteinzeit aus einer Tierhaut mit dem Riemenschneider lange Riemen geschnitten. Der Riemenschneider fungierte als ein Spezialwerkzeug der mitteleuropäischen Rentierjägerkultur (13.000 – 9.500 v.Chr.). Er war ein messerartiges, zusammengesetztes Werkzeug: Um einen längeren Griff als beim einfachen Messer zu erhalten, setzten die Rentierjäger ein Messer in ein Knochen- oder Geweihstück vom Rentier ein.

Die „Handwerker" der jüngeren Altsteinzeit stellten Lederriemen möglicherweise mit der gleichen Schneidetechnik her, wie sie die Indianern des Großen Beckens und des Plateaus praktizierten: Aus einer auf dem Boden ausgebreiteten Tierhaut wurden, von der Hautmitte ausgehend, lange, schmale Streifen spiralförmig ausgeschnitten. Um möglichst gleichmäßige, glatte und elastische Riemen zu erhalten, wurden diese nach dem Ausschneiden noch bearbeitet, und zwar wurden sie unter Spannung gedehnt und eingefettet.

Im Jungpaläolithikum wurden, um Riemen aus Rohhaut elastisch zu machen, möglicherweise Lochstäbe eingesetzt. Diese bestanden aus Geweih, Elfenbein oder (Mammut-)Knochen und wurden eventuell mit einer durch die Lochbohrung laufenden Schnur betrieben.

5.5.2 Pflanzliche Nähfäden

Im altsteinzeitlichen „Europa" wurden auch pflanzliche Nähmaterialien verwendet. Zur Verfügung standen Gräser, Binsen (grasähnliche Pflanzen) und Schilf (bis zu 4 m hohe Graspflanzen; die Schil-

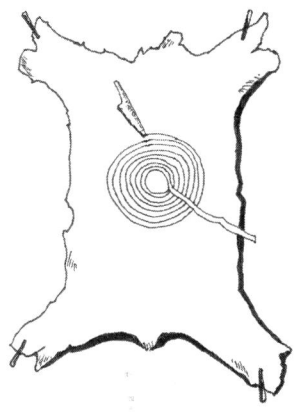

Abb. 6 Riemenschneiden

fart Katzenschwanz diente etwa den nordamerikanischen Nordwestküstenindianern als vestimentäre Rohstoffquelle) sowie Bast (z. B. Lindenbast), Rinde (z. B. Birkenrinde) und Nessel (z. B. Brennnessel).

Zur Erzeugung pflanzlicher Nähfäden könnte die bei der Herstellung von Sehnenfäden bereits oben beschriebene Drilltechnologie eingesetzt worden sein. Aufschlussreich ist vielleicht in diesem Zusammenhang, dass die Herstellungsnähte bei der Lederkleidung des allerdings aus der Jungsteinzeit stammenden „Ötzi" mit gedrillten Tiersehnen gefertigt, die Flicknähte aber mit gedrillten Grasfäden ausgeführt waren.

Anmerkungen: Vgl. Bohnsack 1989, S. 31 ff., Foucault 2006, S. 6 ff., Hoffmann 1999, S. 205 f., 246, 260 f. u. 322, Mann 2006, S. 47 ff., Merkelbach 2006, S. 74 ff., Mühe 2006, S. 30 ff., Patou-Mathis 2006, S. 58 ff. und Thiel 2000, S. 9 ff.

5.6 Nähtechnologie

5.6.1 Handnähen

Zum Zusammenfügen von zugeschnittenen Fell- oder Lederteilen erfanden die altsteinzeitlichen Menschen das Handnähen. Charakteristisch für diese flächenverbindende Technologie sind zwei Arbeitsvorgänge, nämlich das Durchbohren eines Stoffes (in der Altsteinzeit: Fell oder Leder) und das Durchziehen eines Fadens.

Beim altsteinzeitlichen Handnähen sind zwei Entwicklungsstufen zu erkennen: das Fingernähen und das Nadelnähen.

■ Fingernähen

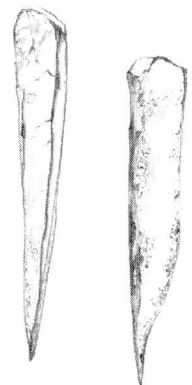

Zunächst „nähten" die altsteinzeitlichen Menschen zugeschnittene Fell- und Lederstücke ohne Nadel zusammen. Bei dieser Vorform des Nähens wurden mit Hilfe eines spitzen Pfriems (Ahle) in Fell- und Lederteile Löcher gebohrt, durch die mit den Fingern Sehnenfäden, Lederriemen oder andere „Nähfäden" gezogen, gedrückt und geschoben wurden.

Der als Vorstecher dienende Pfriem ist schon für die ältere Steinzeit nachgewiesen und bestand damals aus Horn oder Knochen, seit der jungpaläolithischen Zeit auch aus Geweih und Mammut-

Abb. 7. Pfrieme

elfenbein.

In gewisser Weise entspricht die nähtechnologische Vorform des Nähens mit Pfriem und Fingern (ohne Nadel) der spinntechnologischen Vorform des Drillens (ohne Spindel).

■ Nadelnähen

In der jüngeren Altsteinzeit gelang dem *Homo sapiens* die Erfindung der Nähnadel. Das Durchziehen des „Nähfadens" erfolgte jetzt nicht mehr mit den Fingern, sondern mit der auf diesen nähtechnologischen Vorgang spezialisierten Nähnadel.

Dieses Nähwerkzeug veränderte die altsteinzeitliche Nähtechnologie grundlegend. Mit der Nähnadel wurden nämlich die beiden Arbeitsvorgänge des Handnähens, das Durchbohren des Stoffes und das Durchziehen des Fadens, kombiniert.

5.6.2 Nadeln

■ **Nähnadel**

Die Entwicklung der Nähnadel lässt sich anhand von einschlägigen Funden nachzeichnen. Wurden anfangs Fell- und Lederteile mit Nähnadeln, die einen Spalt aufwiesen, zusammengenäht, so wurden sie später mit Nähnadeln, die ein Öhr besaßen, zusammengefügt.

Beim Nähen mit der „Spaltnadel" wurde der Faden in das gespaltene Ende der Nadel geklemmt, mit der dann der Faden durch das Loch geschoben wurde. Aus Gründen der Praktikabilität wurde die „Spaltnadel" wohl nicht, wie die Nadel mit Öhr, mit der Spitze eingestochen, sondern mit dem gespaltenen Ende.

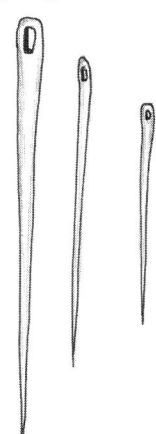

Bei den eigentlichen Nähnadeln der jüngeren Altsteinzeit, die unseren heutigen Nähnadeln gleichen, handelte es sich um spitze, längliche Steckwerkzeuge, die an einem Ende eine Durchbohrung (das Öhr) und am anderen Ende eine Spitze (die Nadelspitze) aufwiesen. Die Öhrnadeln bestanden aus Knochen, Geweih oder Mammutelfenbein und wurden in Nadelbehältern aus zum Beispiel Röhrenknochen aufbewahrt und transportiert. Mit einer Länge von 30–100 cm, einer

Abb. 8 Nähnadeln mit Öhr

Nadelstärke von etwa 0.8 mm und einem Öhrdurchmesser von rund 0.5 mm zeigten sich die Öhrnadeln als wahre nähtechnologische Meisterleistungen des Magdalénien, der letzten und höchsten Kulturstufe der jüngeren Altsteinzeit (13.000–9.500 v.Chr.).

■ **Stecknadel**

Bei der altsteinzeitlichen Nähtechnologie wurden noch keine Nadeln zum Zusammenstecken der zu verbindenden „Stoff"-Teile benutzt. Stecknadeln sind erst für die Mittlere Steinzeit nachgewiesen.

Wurden im Mesolithikum die Stecknadeln zunächst „kopflos" hergestellt, so erhielten sie nach und nach Köpfe, die ein „Herausrutschen" dieser Nadeln aus dem Stoff verhinderten.

5.6.3 Nähte

Unter Bezugnahme auf die bei Naturvölkern praktizierten Nähtechniken sind für das Zusammennähen von Fell- und Lederteilen in der Altsteinzeit zwei Verfahren denkbar: erstens das Nähen von Kante an Kante (ohne Nahtzugabe) und zweitens das Nähen einer einfachen Naht (mit Nahtzugabe).

■ **Nähen von Kante an Kante**

Beim Nähen von Kante an Kante (z. B. bei den Yamana-Indianern auf Feuerland) wurden die Kanten von Fellen enthaart, platt gerieben und gerade geschnitten. Die so bearbeiteten Kanten wurden seitlich aneinandergelegt und je auf der gleichen Höhe in Kantennähe mit Hilfe eines Pfriems durchbohrt. In die entstandenen Löcher wurde (mit den Fingern oder mit der Nähnadel) ein Faden in Spirallinie durchgezogen, der vermutlich verknotet wurde.

Das Nähen von Kante an Kante ohne jegliche Nahtzugabe wird heute noch beim Nähen von Pelzen (Außenseite: behaart; Innenseite: enthaart) praktiziert.

■ **Einfache Naht**

Beim Nähen einer einfachen Naht (z. B. bei den subarktischen Indianern) wurden zugeschnittene Lederteile an den Schnittkanten abgeflacht, rechts auf rechts gelegt und beispielsweise mit einem Sehnenfaden und Überwendlingsstichen zusammengenäht. Aufgrund der Abflachung der Schnittkanten konnten sehr feine und dichte Nähte (bis zu 7 Stichen je cm) gefertigt werden. Der Sehnenfaden wurde durch Zurücknähen der Sehne über 5–6 Stiche vernäht.

Das Zusammennähen von Leder mit abgeflachten Kanten durch eine einfache Naht ist noch heute in der Lederindustrie üblich, wobei dort die Nähte nach dem Nähen noch geklebt bzw. mit einem Spezialleim eingestrichen und gepresst werden, um möglichst flach zu liegen.

Ein Kleben der Nähte könnte auch von den modernen Menschen der jüngeren Altsteinzeit durchgeführt worden sein, etwa mit Hilfe von Birkenpech, einem Klebstoff dessen Herstellung schon die Neandertaler beherrschten und mit dem sie Steinmesser an Holzschäften befestigten. So könnten die jungpaläolithischen „Näher" die Nähte mit durch Erhitzen weich gemachtem Birkenpech eingestrichen und gepresst haben, bis das abgekühlte Pech zäh und fest geworden war.

Anmerkungen: Vgl. Eberle u.a. 1991, S. 112f., Engeln 2010a, S. 65ff., Feustel 1973, S. 175, Hoffmann 1999, S. 204f., 205f., 275f. u. 309f., Köthe 2003, S. 30ff., Mann 2006, S. 47ff. und Paetsch 2005, S. 122ff. und Schmidt 2007, S. 152f.

5.7 Applikationstechnologie

Von den „Nähern" der jüngeren Altsteinzeit wurde die neue Erfindung Nähnadel nicht nur zum Zusammennähen, sondern auch zum Applizieren (Aufnähen) eingesetzt.

■ **Aufnähen von Verzierungsmaterialien**

Bei der jungpaläolithischen Applikation handelte es sich sicherlich um eine Vorform der eigentlichen Applikationstechnologie. Werden bei der wirklichen Applikationstechnologie (so wie sie heute praktiziert wird) sowohl „Stoff"-Materialien als auch Verzierungs- und Effektmaterialien auf einen „Stoff"-Grund aufgenäht, so wurden bei der jungpaläolithischen Applikation wahrscheinlich ausschließlich Verzierungsmaterialien, zum Beispiel durchlochte Schnecken, Muscheln und Perlen, auf Bekleidungsteile aus Fell und Leder aufgenäht.

Dass die modernen altsteinzeitlichen Menschen sich auf das Applizieren von Verzierungsmaterialien beschränkten, scheint einleuchtend, wenn man bedenkt, wie schwierig und mühsam das Aufnähen von Leder auf Leder im Vergleich zum Aufnähen von Stoff auf Stoff (z.B. von Leinengewebe auf Leinengewebe) in Hand-Arbeit ist.

■ **Aufnähen von Perlen**

Zum Aufnähen von Perlen könnten die jungpaläolithischen „Europäer" beispielsweise die beiden von den Irokesen praktizierten Applikationstechnologien ausgeführt haben: das Aufnähen einzelner Perlen und das Aufnähen von Perlenschnüren (Overlay-Technik). Bei der Overlay-Technik zogen die im nordamerikanischen Waldland beheimateten Irokesen Perlen auf eine Tiersehne auf und fixierten diese

Perlenschnur in regelmäßigen Abständen mit einer weiteren Tiersehne auf dem Trägermaterial Leder.

Anmerkungen: Vgl. Hoffmann 244 ff. u. 299 ff. und Schmalz 2006, S. 61 ff.

5.8 Textiltechnologie

Die altsteinzeitlichen „Handwerker" beherrschten nicht nur Fell- und Ledertechnologien, sondern auch Textiltechnologien. Das Wort Textilien geht auf das lateinische *textilis* (geflochten, gewebt) zurück. Diese ursprüngliche Bedeutung des Wortes Textilien lässt sich daraus erklären, dass Flechten und Weben zu den ersten Textiltechnologien gehörten, mit denen Menschen Textilien bzw. „Stoffe" herstellten. Im Gegensatz zu Fellen, die durch Abziehen vom Tierkörper gewonnen werden, werden Textilien unter Einsatz von Textiltechnologien erst hergestellt.

Sowohl in der Altsteinzeit als auch in der Mittleren Steinzeit lassen sich erste Ansätze von Textiltechnologien beobachten. Im Einzelnen handelt es sich dabei um die flächenbildenden Textiltechnologien Knüpfen, Flechten und Weben.

5.8.1 Knüpftechnologie

Funde von Netzresten belegen, dass schon der jungpaläolithische *Homo sapiens* weitmaschige Flächengebilde durch Knüpfen und Knoten bzw. durch das Knüpfen von Knoten anfertigte.

Die aufgefundenen Reste von Netzen bestehen aus Knoten, die bisweilen auch mit 2-fädigen Schnüren geknüpft wurden. Außerdem zeigen diese Netzfunde, dass bei der altsteinzeitlichen Netzknüpferei sowohl tierische Materialien wie Sehnen, Lederstreifen und Rosshaare als auch pflanzliche Materialien wie Bast, Baumrinde und Nessel genutzt wurden.

Ob mit der Knüpftechnologie der jüngeren Altsteinzeit nur „Fischer" Netze für den Fischfang herstellten oder auch „Knüpfer" Accessoires (z. B. taschenähnliche Gebilde und Haarschmuck) fertigten, ist nicht bekannt, aber denkbar.

5.8.2 Flechttechnologie

Nach der Knüpftechnologie eignete sich der *Homo sapiens* die Flechttechnologie an. Davon zeugen mesolithische Reusen (Fischfanggeräte), die zum Beispiel aus geflochtenen Weiden (Strauchgeflechte) bestehen. Dass schon in der jüngeren Altsteinzeit geflochten wurde, deuten textile Gegenstände an, die zwischen den Tierbildern in der Höhle von Lascaux (20.000 v.Chr.) dargestellt sind und von denen einige als geflochtene Matten und Tücher aufgefasst werden.

Die Flechttechnologie gilt als Vorstufe der Webtechnologie. Werden beim Weben Flächen durch die Verkreuzung von waagrechten und senkrechten Flechtmaterialien erzeugt, so werden beim Flechten Flächen durch schräges Verkreuzen von Flechtmaterialien hergestellt. Geflochten wurde in der Steinzeit insbesondere mit pflanzlichen (z.B. Weidenruten, Binsen, Schilf, Gräser und Birkenrinden), aber auch mit tierischen Materialien (z.B. Lederstreifen).

Es kann vermutet werden, dass die steinzeitlichen Menschen die Flechttechnologie nicht nur im fischfangbezogenen, sondern auch im kleidungsbezogenen Bereich, etwa zur Herstellung von Sandalen und Körben, praktizierten. Zum Flechten von Sandalen eigneten sich beispielsweise Lederstreifen (z.B. aus Rentierleder). Und zum Flechten von Körben boten sich Bast (z.B. der heute noch in der Textilindustrie verwendete Lindenbast), Weiden (z.B. die elastische Flechtreiser liefernde Korbweide) und Binsen mit ihren knotenlosen Stängeln an.

5.8.3 Webtechnologie

Lange Zeit wurde angenommen, dass die Webtechnologie erst in der Jungsteinzeit im Zusammenhang mit den wirtschaftlichen Entwicklungsstufen Ackerbau (z.B. Flachsanbau) und Viehzucht (z.B. Schafzucht) zur Herstellung von textilen Flächen erfunden wurde.

Die Annahme entfiel durch eine Aufsehen erregende Entdeckung im 20. Jahrhundert, die eine Umschreibung der steinzeitlichen Textiltechnologie nach sich zog: das Pavlovien (26.000–19.000 v.Chr.) wurde entdeckt. Diese jungpaläolithische Kulturstufe war unter anderem in Mitteleuropa verbreitet und wurde nach einem besonders ergiebigen, nahe bei Pavlov (Pallau, Südmähren) gelegenen Fundort benannt.

Dort wurden überraschenderweise auf kleinen Tonbruchstücken textile Abdrücke von Netzen, Geflechten und Geweben gefunden. Die textilen Abdrücke aus der Kulturstufe des Pavlovien gelten als Belege für die Herstellung von Textilien bzw. für das Beherrschen und Praktizieren der Technologien des Knüpfens, Flechtens und Webens bereits in jungpaläolithischer Zeit.

Die Funde von Gewebe-Abdrücken aus der jüngeren Altsteinzeit lassen sich möglicherweise als Vorgriff in der Textilgeschichte interpretieren. Das heißt, die im Pavlovien praktizierte Webtechnologie geriet in Vergessenheit und wurde in der Jungsteinzeit neu entdeckt. Diese Annahme erscheint plausibel, wenn man beispielsweise den Sachverhalt heranzieht, dass das Herstellen von Knöpfen (in der Form des Doppelknopfes) bereits in der Bronzezeit bekannt war, dann aber bis zu seiner „Wiederentdeckung" im Mittelalter in Vergessenheit geriet.

Denkbar ist auch, dass das Weben in der Altsteinzeit nur selten durchgeführt wurde, denn mit dieser innovativen Technik wurden wohl kaum eine Vielzahl und Vielfalt an Gegenstände für den alltäglichem Gebrauch hergestellt. Man denke in diesem Zusammenhang vergleichend etwa an das Verwendungsspektrum von Geweben im Neuen Reich Ägyptens. Dort gab es bei den gewebten Kleidungsstücken nicht nur eine Materialhierarchie (z. B. extrafeines Leinen, feines Leinen), sondern auch alleine für den Lendeschurz des Mannes über 40 Variationen (z. B. Doppelschurz, Schurz mit Schärpe).

Des Weiteren kann vermutet werden, dass die textilen Abdrücke aus dem Pavlovien nicht von gewebten Kleidungsstücken, sondern von mit der Webtechnologie gefertigten Accessoires (Zubehör zur Kleidung) herrühren. Diese Vermutung erscheint einleuchtend, wenn man bedenkt, dass *erstens* die altsteinzeitliche Kleidung generell aus Fell oder Leder bestand, *zweitens* Fell und Leder in der eiszeitlich-arktischen Kälte der Altsteinzeit als Bekleidungsmaterialien besonders geeignet waren, *drittens* das Weben von Accessoires (kleine Flächen) einen geringeren Aufwand und ein niedrigeres webtechnologisches Können erforderte als das Weben von Kleidungsstücken (große Flächen) und *viertens* einige der zwischen den Lascaux-Tierbildern zu sehenden Accessoires als Darstellung gewebter Matten und Tücher gedeutet werden.

Bemerkenswert an den südmährischen Funden ist außerdem zum einen, dass die Abstände zwischen den Kett- und Schussfäden (senkrechte und waagrechte Fäden) der auf Ton gebrannten Gewebe-Abdrücke teilweise weniger als 2 mm betragen, was auf ein feines Gewebe schließen lässt.

Zum anderen wird in einem Artikel über die Untersuchung dieser südmährischen Funde von Gewebestrukturen durch US-Archäologen (James Adovasio und Olga Soffer) berichtet, dass der Schussfaden S-förmig verwebt wurde. Diese Aussage und eine dem Artikel beigefügte Rekonstruktionszeichnung lassen vermuten, dass es sich bei der altsteinzeitlichen Webtechnologie womöglich um Zwirnflechten handelte – eine Technik, bei der zwei Schussfäden miteinander verkreuzt werden, bevor dann der eine Schussfaden über und der andere unter den nächsten Kettfaden geführt wird. Das Zwirnflechten wird heute noch beispielsweise auf der indonesischen Insel Sumba zum Herstellen der Randabschlüsse bei Ikattüchern eingesetzt.

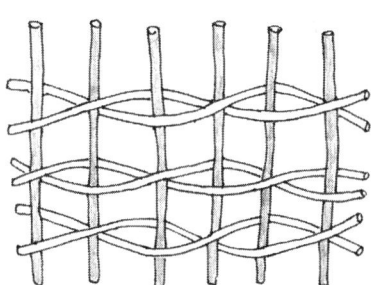

Abb. 9 S-förmiges Verweben des Schussfadens bzw. Zwirnflechten

Anmerkungen: Vgl. Foucault 2006, S. 6 ff., Hoffmann 1999, S. 121, 140 f., 148, 205 f., 258 ff., 280, 297 f. u. 321 f., Erste Weber o. J., S. 188, Schmidt 2012, S. 16 und Svoboda 2006, S. 52 ff.

6. Mode

6.1 Schmuck

6.1.1 Schmuckmaterialien

Die altsteinzeitlichen Menschen trugen Schmuck aus natürlichem Material. Sie schmückten sich erstens mit pflanzlichen Materialien (z. B. mit Gräsern, Blättern, Blumen, Rinde und Holz), zweitens mit tierischen Materialien (z. B. mit Schneckengehäusen und Muschelschalen sowie mit Federn, Vogelkrallen, Geweih, Zähnen und Knochen) und drittens mit mineralischen Materialien (z. B. mit Ocker, Rötel, Gagat und Bernstein). Die nachstehenden Ausführungen beschränken sich auf die wichtigsten und eindrucksvollsten Schmuckmaterialien der Altsteinzeit.

■ **Schneckengehäuse und Muschelschalen**
Schnecken, die zu den ältesten altsteinzeitlichen Schmucklieferanten zählen, und Muscheln wurden mit Hilfe eines pfriemartigen Gerätes, dem sogenannten Muschelöffner, aus ihren Schalen und Gehäusen herausgelöst. Wie Funde in Höhlen und Gräbern belegen, wurden die so gewonnenen Schneckengehäuse und Muschelschalen durchbohrt, um sie als Schmuck zu verwenden. Große Anhäufungen von altsteinzeitlichen Muschelschalen wurden verständlicherweise vor allem in meeresnahen Siedlungsstellen angetroffen.

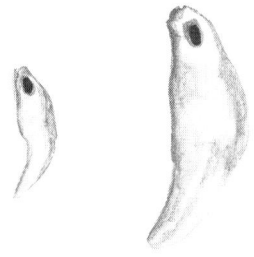

Abb. 10 Durchlochter Fuchs- und Wolfeckzahn

■ **Zähne**
Mit gekerbten und durchlochten bzw. durchbohrten Tierzähnen schmückten sich bereits die Neandertaler vor 40.000 Jahren. Diesen Sachverhalt belegen entsprechende Funde aus Frankreich (Fuchszahn) und Österreich (Wolfszahn).

Schmuck aus Zähnen war ebenso beim *Homo sapiens* der jüngeren Altsteinzeit beliebt. Er nutzte eingekerbte und durchbohrte Tierzähne, etwa Schneidezähne vom Wildschwein und Eckzähne vom Bären, in seltenen Fällen auch Menschenzähne, als Schmuckmaterial. Den wohl erlesensten Schmuck fertigte der *Homo sapiens* aus den langen und schweren Stoßzähnen des Mammuts, dem sogenannten Mammutelfenbein. Als Schmuckmaterial war Mammutelfenbein besonders gut geeignet. Es war einerseits hart und stabil und andererseits in nassem Zustand formbar. Außerdem ließ es sich gut schnitzen und polieren. Aus Mammutelfenbein wurden in der jüngeren Altsteinzeit vorzugsweise Perlen hergestellt und figürliche Anhänger geschnitzt.

■ Knochen

Dass sich schon der Neandertaler mit Knochen schmückte, darauf verweist das in der baden-württembergischen Bocksteinschmiede im Lonetal gefundene durchbohrte Knochenstück eines Wolfes, das als eines der ältesten Schmuckstücke des Neandertalers gilt.

Es war aber in erster Linie der seit der jüngeren Altsteinzeit in Europa auftretende *Homo sapiens*, der aus elastischen und formbaren Knochen nicht nur Werkzeuge, sondern auch, allerdings wohl nicht sehr häufig, Schmuck herstellte. Er trug bisweilen kleine ganze Knochen als Bestandteile von Gürtelgehängen. Vorrangig schmückte er sich jedoch mit Knochenstückchen, die er durch Einritzen von linearen oder figürlichen Mustern verzierte, durchbohrte und beispielsweise als Anhänger anlegte.

■ Ocker und Rötel

Die Mineralien Ocker und Rötel wurden in der Altsteinzeit nicht nur als Farbstoffe, sondern auch zur Herstellung von Schmuck eingesetzt. Aus Ocker (Brauneisenerz) und Rötel (Roteisenerz) wurden vornehmlich Perlen gearbeitet.

■ Gagat

Vor allem in Südwestdeutschland wurde, ebenfalls zur Perlenherstellung, die schwarze Kohlenart Gagat benutzt. Gagat, der so genannte schwarze Bernstein, war genau so leicht zu bearbeiten wie der eigentliche Bernstein. Die Bezeichnung Gagat für den schwarzen Schmuckstein geht übrigens auf die Stadt bzw. den gleichnamigen Fluss Gagat in Kleinasien zurück.

■ **Bernstein**

Aus der Steinzeit stammende Bernsteinfunde sind vor allem im Ostseeraum, aber auch in anderen europäischen Gebieten anzutreffen. Das älteste im europäischen Raum gefundene Bernsteinstück zeigt sich in der Mitte durchbohrt und geht auf das Gravettien vor ca. 30.000 Jahren zurück.

Europäische Bernsteinfunde in größerem Ausmaß stammen jedoch erst aus dem ausgehenden Jungpaläolithikum. Bei diesen handelt es sich um durchbohrte Anhänger in Trichterform.

Gegen Ende der Mittleren Steinzeit kam es zu einem deutlichen Wandel in der Form des Bernsteinschmucks. Die traditionelle Trichterform wurde durch neue Formen abgelöst. Aus Bernstein wurden jetzt zum einen dreieckige Anhänger gearbeitet und zum anderen Tiere und Menschen sowie Waffen und Geräte nachgebildet. Das heißt, gegen Ende des Mesolithikums entstanden neben der geometrischen Dreiecksform auch figürliche und gegenständliche Formen des Bernsteinschmucks.

6.1.2 Schmuckhandel

Bemerkenswert ist, dass in der jüngeren Altsteinzeit ein weitreichender Tauschhandel mit Schmuckmaterialien stattfand. Auf einen solchen Schmuckfernhandel zu jungpaläolithischer Zeit weisen entsprechende Funde etwa aus Frankreich und Deutschland hin.

Zum Beispiel stammten die in der Halbhöhle La Gravette (Frankreich, Département Dordogne) aufgefundenen Schmuckmuscheln bzw. durchlochten Muschelschalen vom Mittelmeer und vom Atlantischen Ozean und die an diesem Fundort entdeckten Bernsteine von der Ostsee. Diese Funde lassen sich der Kulturstufe des Gravettien (26.000–9.000 v.Chr.) zuordnen.

Auch die in Deutschland vorgefundenen Schmuckschnecken bzw. durchlochten Schneckengehäuse kamen vom Mittelmeer und vom Atlantischen Ozean sowie aus dem Pariser Becken. Diese ortsfremden, offenbar importierten Schmuckschnecken gehören zur Kulturstufe des Magdalénien, die in Mitteleuropa (u.a. in Baden-Württemberg, Bayern und Rheinland-Pfalz) von ca. 13.000–9.500 v.Chr. dauerte.

6.1.3 Trageweisen von Schmuck

Der altsteinzeitliche Schmuck wurde auf drei unterschiedliche Weisen angelegt: als Anhängerschmuck, als Körperschmuck und als Gewandschmuck.

6.1.3.1 Anhängerschmuck

Schmuckstücke wurden in der Altsteinzeit erstens als Anhänger getragen. Beliebte altsteinzeitliche Anhänger waren neben Plättchen und Scheiben vor allem Perlen, aber auch Figuren.

■ **Plättchen und Scheiben**

Dünne verzierte Plättchen aus Elfenbein, Schiefer und Geweih wurden in Südmähren gefunden. Scheiben aus Knochen und Elfenbein stammen aus Fundorten in der Tschechischen Republik und eine Bernsteinscheibe mit einem eingravierten Wildpferdekopf kommt aus Schleswig-Holstein. Alle diese Funde datieren aus der jüngeren Altsteinzeit.

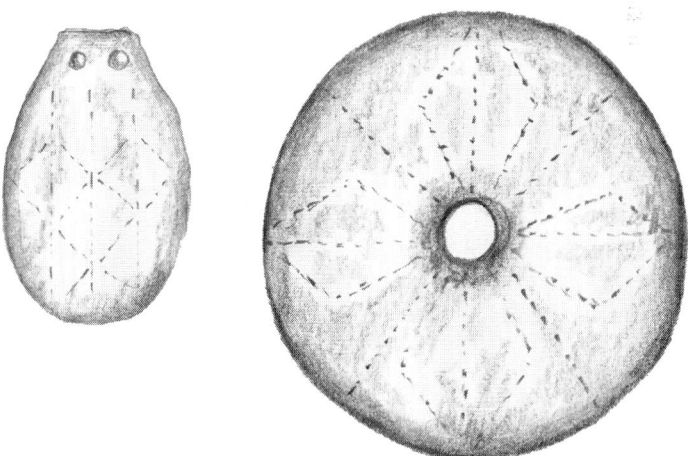

Abb. 11 Elfenbeinplättchen und Geweihscheibe

■ Perlen

Perlen waren gerade für den europäischen Raum eine charakteristische Schmuckform der Altsteinzeit, die allerdings nicht nur als Anhänger verwendet wurde. Altsteinzeitliche Perlenfunde stammen hauptsächlich aus Osteuropa und dem östlichen Mitteleuropa, aber auch aus dem übrigen Europa. In Bezug auf den alteuropäischen Perlenschmuck ist eine technisch-ökonomische und eine ästhetische Entwicklung zu beobachten.

Bis zum Jungpaläolithikum – und dies bezieht sich auf die technisch-ökonomische Entwicklung – wurden, wahrscheinlich sowohl vom *Homo erectus* als auch vom Neandertaler, Schneckengehäuse und Muschelschalen, vermutlich auch Samen und Beeren, zentral gelocht und als schmückende „Perlen" getragen.

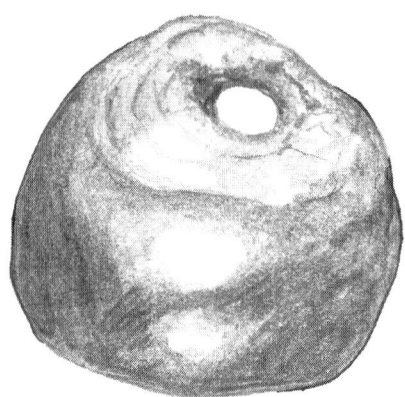

Abb. 12 Korbförmige Elfenbeinperle

Der jungpaläolithische *Homo sapiens* benutzte zur Perlenherstellung nicht nur haltbarere Materialien als seine Vorgänger (z.B. Zahn, Knochen und Geweih), sondern bearbeitete diese auch. Er schliff sie zu Perlenformen, verzierte sie manchmal mit eingeritzten Mustern und durchlochte sie. Die ältesten Funde von Knochenperlen und Zahnperlen sind etwa 37.000 Jahre alt und stammen aus Frankreich. Besonders aufschlussreich für die jungpaläolithische Perlenherstellung sind die Funde von Elfenbeinperlen in unterschiedlichen Bearbeitungsschritten, die auf eine serielle Perlenherstellung hinweisen. Diese könnte folgendermaßen vonstatten gegangen sein: Die jungpaläolithischen Mammutjäger schnitten aus den Stoßzähnen des Mammuts Stäbchen heraus und zerlegten diese in Stücke, wobei die Stückgröße der gewünschten Perlengröße entsprach. In die Elfenbeinstücke wurden dann Löcher gebohrt. Bemerkenswert ist außerdem, dass die in der Nähe einer Mammuthütte gefundenen korbförmigen Elfenbeinperlen einen Durchmesser von etwa 6mm und 10mm besaßen.

Gegen Ende der jüngeren Altsteinzeit verwendeten dann die jungpaläolithischen „Schmuckhersteller" neue Perlenmaterialien wie Stein, Gagat und Bernstein.

Die ästhetische Entwicklung des Perlenschmucks bezog sich zum einen auf die Formgestaltung der einzelnen Perlen. Eine große Formenvielfalt wiesen etwa Steinperlen auf, von denen es flache und rundliche, kleine und große sowie keilförmige und dreieckige Formen gab.

Zum anderen wurden Perlen zunehmend auf unterschiedliche Art und Weise kombiniert. Aus dem jungpaläolithischen Frankreich stammt zum Beispiel eine dreireihige Perlenkette, bei der Perlen aus Muschelschalen, Hundezähnen und Fischgratwirbeln symmetrisch angeordnet wurden.

■ Figuren

Eine beliebte Schmuckform der jüngeren Altsteinzeit waren kleine vollplastische Tier- und Menschenfiguren, die durchlocht als Anhänger getragen wurden.

Als ein besonders berühmter Tierfigurenanhänger gilt ein 3.7 cm hohes und 5 cm langes Elfenbeinmammut, das 2006 in der Vogelherdhöhle (Lonetal, Schwäbische Alb) gefunden wurde und das Mammuttier besonders wirklichkeitsgetreu darstellt.

Bei den Frauenfigurenanhängern gab es unterschiedliche Trage- und Befestigungsweisen. Einige dieser Venusfigürchen wurden mit dem Kopf nach oben und einige mit dem Kopf nach unten getragen. Auf diese Trageweisen deuten am Kopf oder an den Füßen der Figürchen platzierte Lochbohrungen hin.

Eine beachtenswerte „Anhängervorrichtung" zeigt die alte Venus vom Hohle Fels (Höhle auf der Schwäbischen Alb), der älteste bekannte Frauenfigurenanhänger der Welt. Bei dieser elfenbeingeschnitzten Frauenfigur wurde der nicht vorhandene Kopf durch einen Ring symbolisiert, der auf eine Verwendung der Plastik als Anhänger hindeutet.

6.1.3.2 Körperschmuck

Zweitens wurden in der Altsteinzeit Schmuckstücke als Körperschmuck getragen. Schmuckstücke verzierten etwa den Hals und die Arme.

■ **Halsschmuck**

Zum Schmücken des Halses legten die Menschen in der jüngeren Altsteinzeit Halsketten und vermutlich auch Halsbänder an. Der damalige *Homo sapiens* schmückte seinen Hals gerne mit Schneckengehäusen, Muschelschalen, Knochen und Zähnen, die er durchlochte und zu Ketten auffädelte. Im Magdalénien, der höchsten Kulturstufe der jüngeren Altsteinzeit, wurden überwiegend Perlen zu Ketten aufgefädelt. Halsbänder wurden in der jüngeren Altsteinzeit mutmaßlich aus Mammutgrannenhaaren geflochten und geknüpft. Vielleicht verzierten die „Schmuckkreateure" Halsbänder damals zusätzlich mit einem Anhänger, beispielsweise mit einer Perle.

Abb. 13 Halskette aus Schneckengehäusen

■ **Armschmuck**

Zum Schmuck seiner Arme legte der moderne Mensch der Altsteinzeit sowohl Armreife (ringförmige Schmuckstücke) als auch Armringe (kreisförmige, in sich geschlossene Schmuckstücke) an. Diese Schmuckstücke stellte er durch Auffädeln von Perlen her, vielleicht auch durch Flechten und Knüpfen von Grannenhaaren.

Eine Neuheit beim Armschmuck ist im Gravettien zu beobachten. In dieser Zeit traten erstmals Armringe aus Elfenbein auf, die sich dann im Magdalénien modisch etablierten.

6.1.3.3 Gewandschmuck

Altsteinzeitlicher Schmuck wurde drittens als Gewandschmuck verwendet. Der *Homo sapiens* der jüngeren Altsteinzeit verzierte nicht nur seinen Körper, sondern auch seine Kleidung mit Schmuck. Dazu gehörten Schmuckapplikationen und Gürtelgehänge.

Wie bei vielen Naturvölkern, etwa in Indonesien, üblich, nähte der *Homo sapiens* zum einen durchlochte Muschelschalen und Schneckengehäuse als Besatz auf Bekleidungsteile auf. Die Bedeutung von appliziertem Gewandschmuck in der jüngeren Altsteinzeit belegt eindrucksvoll das Grab eines Mannes aus dem Gravettien. Im Grab dieses nach seinem Fundort benannten „Sungir-Mannes" wurden nahezu 3.000 Zahnperlen aus Elfenbein gefunden, die ursprünglich auf dessen Fell- oder Lederkleidung aufgenäht waren.

Zum anderen trug der moderne jungpaläolithische Mensch schmückende Gürtelgehänge, die beispielsweise aus Knochen, Zähnen und Muscheln bestanden.

6.1.4 Funktionen von Schmuck

Altsteinzeitliche Schmuckstücke hatten zwei Funktionen, eine magisch-schützende und eine ästhetisch-soziale Funktion.

6.1.4.1 Magisch-schützende Funktion

Altsteinzeitlicher Schmuck besaß – vor allem in seinen Anfängen – neben seiner eigentlichen Schmuckfunktion eine magisch-schützende Funktion. Er sollte seinen Trägern magischen Schutz oder magische

Kraft verleihen. Beispielsweise sollten zu Ketten aufgefädelte Schmuckteile als Amulette wirken und sowohl Frauen als auch Männer gegen übersinnliche Kräfte schützen.

Fungierten die altsteinzeitlichen Amulette von Frauen mutmaßlich als Fruchtbarkeitsbringer, so hatten die altsteinzeitlichen Amulette von Männern die Aufgabe des Jagdzaubers. Um die Kraft und die Geschicklichkeit von Tieren zu erlangen, schmückten sich die altsteinzeitlichen Jäger mit Amuletten, die aus Tierkörperteilen bestanden. Zu den altsteinzeitlichen Jagdamuletten zählten beispielsweise Ketten aus Hirsch- und Eberzähnen sowie Gürtelgehänge aus Knochen, Zähnen und Geweih. Aber auch mit Tiermotiven, die sie auf ihrem Schmuck einritzten, versuchten die altsteinzeitlichen Männer ihr Jagdglück zu beschwören. Davon zeugen eine ca. 20 cm^2 große Bernsteinscheibe mit einem eingravierten Wildpferdkopf aus einem jungpaläolithischen Rentierlager im schleswig-holsteinischen Meiendorf sowie ähnliche Funde aus Jütland. Möglicherweise schliff der altsteinzeitliche Jäger das in die weiche Bernsteinoberfläche seines Jagdamulettes eingravierte Tiermotiv nach der Jagd ab und ritzte ein neues Tiermotive für die nächste Jagd ein. Er ersetzte damit die nach der Jagd abgenutzte Zauberkraft des alten Tiermotivs durch die unverbrauchte Zauberkraft eines neuen Motivs.

Als Unheilschützer, Fruchtbarkeitsbringer und Jagdzauber besaßen die altsteinzeitlichen Amulette letztlich eine Überlebensfunktion.

6.1.4.2 Ästhetisch-soziale Funktion

Im Laufe der Altsteinzeit trat die ästhetisch-soziale Funktion des Schmucks immer stärker in den Vordergrund. Etwa mit dem Beginn der jüngeren Altsteinzeit trugen die altsteinzeitlichen Menschen in steigendem Maße Schmuck nicht mehr nur um zu überleben, sondern auch um sich zu schmücken sowie sich gegenüber anderen abzugrenzen und in die eigene Gruppe (z. B. in die Männergruppe oder in die Frauengruppe) zu integrieren.

Die zunehmende Bedeutung der ästhetisch-sozialen Funktion des altsteinzeitlichen Schmucks ist deutlich in den Kulturstufen der Pavlovien und der Magdalénien zu erkennen.

■ **Kulturstufe des Pavlovien**

Im Pavlovien (26.000–19.000 v.Chr.) war einerseits eine Zunahme der ästhetischen und andererseits eine Steigerung der sozialen Funktion des Schmucks zu erkennen.

Einen Hinweis auf die wachsende Bedeutsamkeit der ästhetischen Funktion (Schmuckfunktion) des altsteinzeitlichen Schmucks geben die neuen Schmuckkreationen des modernen Menschen, die in diese Kulturstufe entstanden. Zu diesen gehörten in unterschiedlichen Größen gefertigte Elfenbeinperlen sowie Armreifen aus Elfenbein.

Dass auch die – im Zusammenhang mit der ästhetischen Funktion stehende – soziale Funktion (Auszeichnungsfunktion) des altsteinzeitlichen Schmucks immer wichtiger wurde, belegen die Schmuckbeigaben eines ebenfalls aus dem Pavlovien stammenden, am Bach Sungir (in der Nähe von Moskau) gelegenen und bereits mehrfach an anderen Stellen erwähnten Männergrabes. Dem Mann aus Sungir wurden nicht nur etwa 40 dünne Elfenbeinreifen, sondern auch nahezu 10.000 Elfenbeinperlen ins Grab mitgegeben. Aus dem immensen Arbeitsaufwand allein für die Herstellung der Perlen (für die Herstellung einer einzelnen Elfenbeinperle in der damaligen Zeit lässt sich etwa eine Stunde Arbeitszeit veranschlagen) darf man wohl zu Recht auf einen hohen Status des Verstorbenen schließen. Die reiche Schmuckausstattung des Männergrabs in Sungir verweist auf einen Jenseitsglauben – der mitgegebene Schmuck sollte die hohe soziale Stellung des Toten

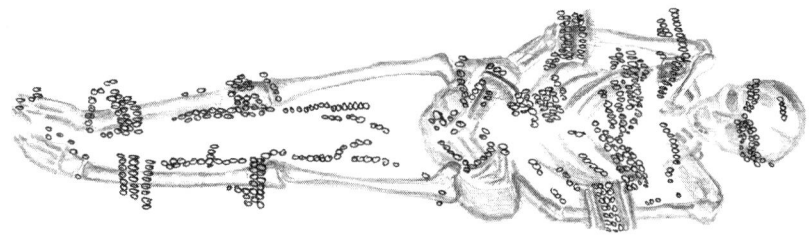

Abb. 14 Sungir-Grab mit Schmuckbeigaben

im Jenseits demonstrieren – und belegt damit zugleich eindrücklich die zunehmende Bedeutsamkeit der Auszeichnungsfunktion bzw. Distinktionsfunktion des Schmucks in der jüngeren Altsteinzeit. In diesem Zusammenhang ist außerdem bemerkenswert, dass die Distinktionsfunktion in der Altsteinzeit nicht wie in der Jungsteinzeit über Kleidungsstücke bzw. Gewänder, sondern in erster Linie mit Hilfe von Schmuck erfolgte.

■ **Kulturstufe des Magdalénien**
Im Magdalénien (13.000 – 9.500 v.Chr.) zeigte sich nochmals eine Bedeutungssteigerung der ästhetisch-sozialen Funktion des Schmucks. Zum einen legten die Menschen dieser Kulturstufe in Höhlen umfangreiche Mineraliensammlungen an, die zahlreiche Schmucksteine wie Achat, Bergkristall, Amethyst, Bernstein und Gagat enthielten.
Zum anderen wurden in Höhlen und an Siedlungsplätzen aus dieser letzten und höchsten Kulturstufe der Altsteinzeit so ungeheure Mengen an Schmuck gefunden, dass es wohl nicht übertrieben ist, wenn einige Forscher in diesem Zusammenhang von einer Schmucksucht sprechen.

Anmerkungen: Vgl. Bakal 2006, S. 72 ff., Chrisp 2008, S. 24 f., Fehlig 1988, S. 21 f., Feuerstein-Praßer u.a. 2005, S. 106 f., Herwig 2009, S. 22, Hoffmann 1999, S. 47 ff., 48 ff., 145, 159 f., 160 f., 190, 205 f., 244 ff., 254 f., 258 ff., 272, 287, 297 f., 299 ff., 320 f., 325, Paetsch 2007, S. 42 ff., Patou-Mathis 2006, S. 58 ff., Péan 2006, S. 64 ff., Schrenk / Müller 2005, S. 94 ff. und Weiß 2007, S. 54 ff.

6.2 Männerkleidung

In diesem und den beiden folgenden Kapiteln wird die Kleidung der altsteinzeitlichen Männer, Frauen und Kinder beleuchtet. Aufgrund der Quellenlage wird dabei zwangsläufig der Schwerpunkt auf die jüngere Altsteinzeit gelegt.
Es ist anzunehmen, dass der altsteinzeitliche Mann zuerst seinen Unterkörper bedeckte und seinen Oberkörper unverhüllt ließ. Diese Reihenfolge der Körperbekleidung wurde von alten Hochkulturen sowie von Naturvölkern praktiziert. Ein Bekleiden des Unterkörpers und ein Nichtbekleiden des Oberkörpers waren etwa bei den Ägyp-

tern im Alten Reich üblich; der altägyptische Oberkörper wurde erst im Neuen Reich bekleidet. Ebenso verhüllten die im Südosten Nordamerikas lebenden Seminolen und die auf den nordamerikanischen Prärien und Plains beheimateten Indianer anfänglich ihre Unterkörper und ließen ihre Oberkörper nackt.

Schließlich wird auch in der christlichen Schöpfungsgeschichte beschrieben, dass die ersten Menschen auf der Erde zunächst ihren Unterkörper bekleideten bzw. bedeckten: Als Adam und Eva nach dem Essen der verbotenen Früchte erkannten, dass sie nackt waren, verhüllten sie ihren Unterkörper mit einem Lendenschurz aus geflochtenen Feigenblättern.

6.2.1 Kleidungsstücke für den Unterkörper

Der Mann der jüngeren Altsteinzeit bedeckte seinen Unterkörper mit einem Lendenschurz und einer Hose.

■ **Lendenschurz**

Dass der jungpaläolithische Mann einen Lendenschurz anlegte, bezeugt eine 30.000 Jahre alte Höhlenmalerei aus dem Geißenklösterle (Höhle auf der Schwäbischen Alb).

Der Lendenschurz gilt als das älteste Kleidungsstück überhaupt. Er war sowohl bei alten Hochkulturen, vor allem bei den alten Ägyptern, als auch bei Naturvölkern wie den nordamerikanischen Indianern verbreitet. Er bestand aus unterschiedlichem Material und wurde auf unterschiedliche Weise getragen: Trugen die alten Ägypter ihre leinenen Lendenschurze um die Hüften gewickelt und auf dem Bauch geknotet, so legten die nordamerikanischen Indianer ihre ledernen Lendenschurze als Durchziehschurze an.

Der Lendenschurz des Steinzeitmannes bestand vermutlich wie der des nordamerikanischen Indianers aus weichem, leichtem und geschmeidigen Wildleder, etwa vom Hirsch, Reh oder Elch. Außerdem ist anzunehmen, dass der jungpaläolithische Jäger seinen Lendenschurz wie der nordamerikanische Indianer als Durchziehschurz trug, da ein gewickelter Lendenschur wohl kaum den Belastungen eines altsteinzeitlichen Jägerlebens standgehalten hätte und ein lederner Lendenschurz – vergleichsweise zum textilen Lendenschurz –

zum Wickeln und Knoten ohnehin mehr schlecht als recht geeignet gewesen wäre.

In Anlehnung an die bei den nordamerikanischen Indianern, etwa bei den Prärie- und Plainsindianern, praktizierte Anlegeweise von Durchziehschurzen könnte der Mann der jüngeren Altsteinzeit seinen Lendenschurz folgendermaßen angelegt haben: Zunächst wurde ein Lederriemen in der Art eines Gürtels um die Taille gebunden. Dann wurde ein etwa 1 m langer und 30 cm breiter Lederstreifen im Oberschenkelbereich der Länge nach zwischen den Beinen durchgezogen. Die beiden Enden des Lederstreifens wurden anschließend jeweils vorne und hinten unter den Gürtel gesteckt und unter diesem herausgezogen, so dass sie den Gürtel überlappten und verdeckten. Diese herabhängenden Lederstreifen bedeckten die Schamteile und bildeten den Lendenschurz.

Mit dem Lendenschurz verhüllte und schützte der Mann der jüngeren Altsteinzeit seine Genitalien gleichermaßen. In einem warmen Sommer trug er den Schurz, wie der Mann auf der schwäbischen Höhlenmalerei, wohl als alleiniges Kleidungsstück.

■ Lange Hose

Im Winter und an kalten Tagen zog der männliche *Homo sapiens* unter dem Lendenschurz eine lange Hose an. Dass der *Homo sapiens* lange Beinkleider trug, belegt die bereits mehrmals angeführte jungpaläolithische Grabausstattung des Sungir-Mannes.

Dieser in Russland beerdigte Mann trug lange Beinkleider, wahrscheinlich in der Art einer indianischen Leggings (Überhose). Darauf weist zum einen eine Perlenlinie im Grab des Sungir-Mannes hin, die von dessen Oberschenkel bis zu dessen Knöcheln reichte. Zum anderen wurden in diesem russischen Grab Perlen im Knie- und Knöchelbereich gefunden, die als Verzierungen von ledernen Knie- und Knöchelbändern aufgefasst werden können.

Auf der Basis der Anordnung der Perlen im Sungir-Grab und der Herstellungs- und Trageweise von Leggings der nordamerikanischen Indianer könnte die lange Hose des in der jüngeren Altsteinzeit lebenden Mannes, wie nachstehend beschrieben, hergestellt und getragen

worden sein: Die jungpaläolithische Leggings bestand aus zwei sepa-
raten langen Beinlingen bzw. Hosenröhren, die einzeln an einem gürtelartigen Lederriemen befestigt wurden.

Zur Fertigung eines langen Beinlings wurde eine vollständige Haut
(z. B. vom Rentier) benutzt, die der Länge nach in der Mitte gefaltet
wurde. Dann wurde die offene Seite geschlossen, indem sie zum Beispiel mit einer Elfenbeinnadel und einem Sehnenfaden zusammengenäht wurde. Ein solchermaßen hergestellter Beinling reichte auf der
Beinaußenseite von der Hüfte bis zur Ferse und auf der Beininnenseite
vom Schritt bis zur Ferse.

Um der Hosenröhre Halt zu geben, wurde sie mit einem ledernen
Knie- und Knöchelband abgebunden. Diese unterhalb der Knie und
um die Knöchel gebundenen Bänder dienten nicht nur zur Stabilisie-
rung, sondern auch zur Verzierung der jungpaläolithischen Männerhose. Zur Verzierung des ledernen Kniebandes mit Perlen wurden vermutlich die beiden von den Irokesen praktizierten Applikationstechnologien eingesetzt: das Aufnähen einzelner Perlen und das Aufnähen
von Perlenschnüren.

Die langen Hosenröhren der jungpaläolithischen Männerhose waren
wie eine indianische Leggings nicht miteinander verbunden. Dafür
spricht, dass keine Perlenverzierungen im Schrittbereich des Sungir-
mannes gefunden wurden, aber auch, dass selbst der aus der Jungsteinzeit stammende und damit jüngere Ötzi noch keine miteinander
verbundenen Beinlinge trug. Zur Befestigung wurden die jungpaläolithischen Beinlinge vielmehr mit Fell- oder Lederbänder strapsartig
einzeln an einem Ledergürtel bzw. an einem gürtelartigen Lederriemen befestigt. Die „Strapse" der jüngeren Altsteinzeit waren am oberen Ende der Beinlinge angebracht und wurden dann am Gürtel fest-
gebunden – im Gegensatz zu den späteren und eigentlichen Strapsen
des 19. Jahrhunderts, die am Gürtel oder Halter angebracht waren und
dann am oberen Ende der Strümpfe angemacht wurden.

■ **Kniehose**

Spätestens seit der mittleren Altsteinzeit trug der männliche *Homo
sapiens* seine Leggings nicht nur lang, sondern auch als Kniehose, das

Abb. 15 Mann mit Kniehose

heißt als eine unter dem Knie abgebundene Hose. Mit einer Kniehose ist ein Mann zum Beispiel auf einer mesolithischen Felsmalerei aus Els Secans (Provinz Teruel) zu sehen. Diese Kniehose ist an den Knien mit „zipfligen" Bändern abgebunden, die sich möglicherweise als Fellbänder mit belassenen Schwänzen oder Tierbeinläufen deuten lassen.

Aufgrund der Verdickungen an den Unterschenkeln kann außerdem vermutet werden, dass diese zum Schutz mit Beinbinden, etwa aus breiten Lederbändern, umwickelt waren.

6.2.2 Kleidungsstücke für den Oberkörper

Seinen Oberkörper bekleidete der Mann der jüngeren Altsteinzeit mit einem Hemd und einem Umhang.

■ Hemd

Die wertvollste und bislang wohl einzige Quelle für das jungpaläolithische Männerhemd ist die Ausstattung des Sungir-Grabes. Aus der Lage der Elfenbeinperlen in diesem Grab wird allgemein geschlossen,

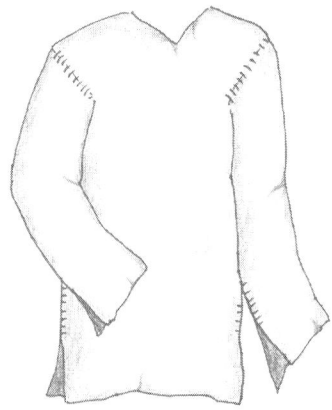

Abb. 16 Ponchoartiges Hemd

dass der Oberkörper des Sungir-Mannes mit einem langärmeligen, sackartigen und verhältnismäßig kurzen Gewand bekleidet war, das in der Tradition der damaligen Zeit aus Fell oder Leder bestand.

Der Sungir-Mann trug vermutlich ein ponchoartiges Hemd. Besteht ein Poncho aus einem ungenähten Gewebe (z. B. einer Decke) mit einem Halsschlitz bzw. einem eingeschnittenen Kopfloch, so werden beim Hemd mehrere Stoffstücke, meist durch

Nähte, zu einer sackartigen Grundform verbunden, die über den Kopf gezogen wird. An diese sackartige Grundform werden oftmals aus rechteckigen Stoffstücken Ärmel angenäht. Ein ponchoartiges Lederhemd wurde typischerweise von den nordamerikanischen Indianern angelegt.

Unter Einbeziehung der russischen Grabausstattung und der Herstellung von Lederhemden bei den Indianern des Großen Beckens und der Great Plains könnte das jungpaläolithische Männerhemd folgendermaßen gefertigt worden sein: In einem ersten Schritt wurde die sackartige Grundform entweder aus einem großen Stück Leder oder aus zwei Lederstücken hergestellt. Bei der Herstellung aus einem Lederstück wurde dieses an den Längsseiten unter Aussparung der Armlöcher zusammengenäht und ein Schlitz bzw. ein V-förmiger Ausschnitt für den Kopf eingeschnitten. Schulternähte waren nicht erforderlich. Bei der Herstellung aus zwei Lederstücken wurden diese aufeinander gelegt und an den Schultern bis auf eine Öffnung für den Kopf zusammengenäht. Die Längsseiten blieben entweder offen oder wurden durch Zusammennähen bzw. – vom Aufwand her eher unwahrscheinlich – mit separat angebrachten Lederschlaufen durch Verschnüren geschlossen.

In einem zweiten Schritt wurden lange Ärmel, die jeweils aus einem Lederstück bestanden, an diese ponchoartige Hemdform angenäht. An ihren Längsseiten wurden die Ärmel entweder zusammengenäht oder sie wurden – möglicherweise um eine größere Bewegungsfreiheit zu erhalten – offen gelassen und auf der Höhe der Handgelenke zusammengenäht. Im Hinblick auf das eiszeitliche Klima scheint jedoch ein Zusammennähen der Längsseiten der Ärmel in der Altsteinzeit wahrscheinlicher.

■ **Umhang**

Als Überbekleidung legte der männliche *Homo sapiens* der jüngeren Altsteinzeit vor allem im Winter und bei Kälte einen Schulterumhang an. Schulterumhänge bzw. Schulterüberwürfe sind auf vorjungsteinzeitlichen Felsbildern Spaniens zu sehen und von den Indianern der

Prärien und Plains ist beispielsweise bekannt, dass sie über ihre Lederhemden Winterumhänge aus dickem, haltbarem Bisonleder anlegten.

Anmerkungen: Vgl. Fehlig 1988, S. 15 ff., Hoffmann 1999, S. 48 ff., 159 f., 205 f.,
Karmann 2006, S. 111 ff., Kölbl 2003, S. 88 ff., Lehnert 1998, S. 20 f., Loschek 1991,
S. 25 ff., Mann 2006, S. 47 ff., Mauch 2006, S. 93 ff., Merkelbach 2006, S. 74 ff.,
Mühe 2006, S. 30 ff., Ochs 2006, S. 131 ff., Scheer 1995, S. 63, Schmalz 2006,
S. 61 ff., Schmidt 2010, S. 12 ff. und 2012, S. 21 f., Schnieper / Kruse- Schulz 2002,
S. 52 ff., Thiel 2000, S. 9 ff. und Wisniewski 1996, S. 233.

6.3   Frauenkleidung

Wie der zeitgenössische Mann bedeckte die altsteinzeitliche Frau
wahrscheinlich anfangs nur ihren Unterkörper und ließ ihren Oberkörper unverhüllt. Diese Reihenfolge ist sowohl bei den alten Ägypte-
rinnen als auch bei den nordamerikanischen Indianerinnen und nicht
zuletzt auch bei Eva, nach christlichem Glauben der ersten Frau auf
der Erde, anzutreffen.

6.3.1   Kleidungsstücke für den Unterkörper

Die vorjungsteinzeitliche Frau bekleidete ihren Unterkörper mit
einem Lendenschurz, einem Rock und einer Hose.

■ **Lendenschurz**

Spanische Felsbilder in Cogul (Provinz Lerida) und Mineteda (Provinz
Albate) bezeugen, dass die Frau der Mittleren Steinzeit einen Lendenschurz trug.

Einen Hinweis darauf, dass dieses die Genitalien verhüllende und
schützende Kleidungsstück schon von der Frau der jüngeren Altsteinzeit angelegt wurde, gibt zum einen eine zeitgenössische Frauenstatuette, deren „Bekleidung" als Lendenschurz gedeutet werden kann.
Zum anderen ist die Tragetradition des Lendenschurzes durch den
jungpaläolithischen Mann anhand bildlicher Quellen nachgewiesen.

■ **Rock**

Belegt ist, dass die vorjungsteinzeitliche Frau – im Unterschied zum
Mann – einen Rock trug. Auskunft über dieses Frauenkleidungsstück

geben mesolithische Malereien von mit Röcken bekleideten Frauen auf den Felsen in Cogul und Mineteda.

Auf einer dieser spanischen Felsmalereien ist ein glockenförmiger, wadenlanger Rock mit einer geschwungenen Rockkante zu sehen, an der auf der rechten und linken Seite je ein „Zipfel" herabhängt. Es kann vermutet werden, dass dieser Rock aus Fell mit belassenen Tierschwänzen oder Tierbeinläufen bestand, die an der Rockkante rechts und links herabhingen. Zum Beispiel ist von den frühen Prärie- und Plainsindianern bekannt, dass sie zur Dekoration am Saum ihrer Gewändern Tierbeinläufe und Tierschwänze beließen. Wie die spanische Bildquelle außerdem erkennen lässt, wurde dieser wadenlange Frauenrock in Taillenhöhe fixiert. Womöglich handelte es sich bei diesem Rock mit der geschwungenen Rockkante um einen Wickelrock, der um den Körper gewickelt und mit einer Gürtelschnur in Höhe der Taille befestigt wurde.

Abb. 17 Frau mit wadenlangem Rock   Abb. 18 Frau mit knielangem Rock

Auf einer anderen spanischen Felsmalerei ist eine Frau abgebildet, die einen glockenförmigen knielangen Rock mit einer geraden Rockkante anhat, der in Höhe der Taille befestigt ist. Vielleicht stellt dieser Rock mit der geraden Rockkante einen zugeschnittenen und genähten

Lederrock dar, der in der Taille mit einem Gürtel aus Lederriemen zusammengehalten wurde.

▪ Rock und Hose

Die beiden Felsmalereien aus Cogul und Mineteda lassen erkennen, dass die vorjungsteinzeitliche Frau ihren Unterkörper auch mit Beinkleidern bedeckte. Im Winter und an kalten Tagen zog sie unter dem Rock vermutlich eine Hose in der Art einer indianischen Leggings bzw. einer jungpaläolithischen Männerhose an.

Die auf Fels gemalte Frau mit dem kurzen Rock bekleidete ihre Beine wohl entweder mit einer unter den Knien abgebundenen langen Fell- oder Lederleggings oder sie trug eine kurze unter dem Knie abgebundene Leggings und umwickelte ihre Unterschenkel zusätzlich mit Beinbinden aus zum Beispiel breiten Lederbändern.

An der in Felsmalerei dargestellten Frau mit dem langen Rock, ist eine Verhüllung der Unterschenkel, vielleicht mittels Fellwicklungen, zu beobachten.

▪ Lange Hose

In Buret und Malta gefundene Frauenplastiken der jüngeren Altsteinzeit weisen eine Musterung in Form von waagrechten Kerbreihen auf, die allgemein als Darstellung oder Wiedergabe von Kleidung aufgefasst werden.

Die Musterung auf einer dieser Statuetten, einer etwa 20.000 Jahre alten Frauenfigur aus dem sibirischen Buret, gibt den Hinweis, dass die Frau der jüngeren Altsteinzeit, vielleicht in besonders kalten Regionen, lange Hosen auch als alleiniges Kleidungsstück für den Unterkörper trug (s. Abb. 19). Bei der Buret-Statuette – diese konnte übrigens, wie die Lochbohrung im Fußbereich andeutet, kopfüber als Anhänger getragen werden – ist der Unterkörper nicht wie bei den spanischen Felsmalereien mit einem Rock und einer darunter getragenen Hose umhüllt. Stattdessen sind die Beine der Frauenfigur in voller Länge erkennbar und die Kerbreihen an den Beinen weisen auf deren Umhüllung durch eine lange Hose hin.

Darüber hinaus könnte man vermuten, dass die Beinbekleidung dieser aus einer sehr kalten Zone stammenden Frauenstatuette eine im Beckenbereich zusammengenähte Fellhose darstellt, wie sie von arktischen Völkergruppen, etwa von den nordamerikanischen Inuit oder den im arktischen Teil Sibiriens lebenden Tschukschen, getragen wurde und wird.

6.3.2 Kleidungsstücke für den Oberkörper

Über eine Bekleidung des Oberkörpers der altsteinzeitlichen Frau gibt es bislang wohl keine substanziellen Befunde, mit Ausnahme der Buret-Statuette.

Abb. 19 Frau mit langer Hose und Kapuzenparka

■ **Kapuzenparka**

Die Anordnung der horizontalen Kerbreihen auf dem Oberkörper und auf dem Kopf dieser sibirischen Frauenfigurine legen die Vermutung nahe, dass die Frau der jüngeren Altsteinzeit, zumindest in kalten Zonen, ihren Oberkörper mit einem „arktischen Hemd", das heißt mit einem Kapuzenparka, dem traditionellen Kleidungsstück arktischer Rentierjäger, bedeckte.

Unter Einbeziehung der „Oberkörperkleidung" der Buret-Plastik und dem traditionellen Inuitparka könnte man den jungpaläolithische Frauenparka mit Kapuze folgendermaßen beschreiben: Die Frau der jüngeren Altsteinzeit trug vermutlich an Tagen mit strenger arktischer Kälte einen langärmeligen Fellparka (z. B. aus Rentierfell), der mit einer Kapuze verbunden war. An dieser eng am Kopf anliegenden Kapuze war möglicherweise ein frostabweisender Fellbesatz, etwa aus Wolfs- oder Vielfraßfell, angebracht.

Der Parka war, um keine Wärme entweichen zu lassen, wohl vorne geschlossen. Er wies lediglich einen Halsausschnitt auf und wurde wie ein Hemd über den Kopf an- und ausgezogen.

Vermutlich trug die jungpaläolithische Frau den Kapuzenparka mit der Fellseite nach innen, um die Wärme am Körper zu halten.

Anmerkungen: Vgl. Fehlig 1988, S. 15 ff., Ferrera 2003, S. 290 ff., Hoffmann 1999, S. 205 f., Karmann 2006, S. 111 ff., Kästner 2006, S. 6 ff., Lehnert 1998, S. 20 f., Schmidt 2010, S. 12 ff., Thiel 2000, S. 9 ff. und Wisniewski 1996, S. 142.

6.4 Kinderkleidung

Ob und inwieweit es eine spezielle Kleidung für Kinder in der Altsteinzeit gab, ist ungewiss.

Jedenfalls lässt sich aus der Anordnung von rund tausend durchlochten Schmuckschnecken aus zwei jungpaläolithischen Kindergräbern (Grotte des Enfants, Italien, an der Grenze zu Frankreich) schließen, dass beide Kinder einen Schurz zur Bedeckung des *Unterkörpers* trugen, der entweder mit aufgenähten Schnecken verziert war oder aus Schnecken-Schnüren bzw. aufgefädelten Schnecken bestand. Ein knielanger Schnurrock wurde übrigens von bronzezeitlichen Mädchen als spezielles Kinderkleidungsstück – in Abgrenzung zum bodenlangen Geweberock der bronzezeitlichen Frau – angelegt.

Auf eine mögliche Bekleidung des kindlichen *Oberkörpers* in der Altsteinzeit macht der Fund von Kinderskeletten in der Grotte Arene Candide aufmerksam. In dieser an der liturgischen Küste gelegenen Höhle wurden im Brustbereich der Kinderskelette Eichhörnchenschwänze gefunden, die vermutlich zur Verzierung einer am Oberkörper getragenen Kleidung der Kinder dienten.

Anmerkungen: Vgl. Kölbl 2003, S. 82 ff.

6.5   Accessoires

6.5.1   Gürtel

Wie spanische Felsmalereien aus der Mittleren Steinzeit zeigen, war der zeitgenössische *Homo sapiens* oftmals nur mit einem Gürtel bekleidet. Dass dieses Accessoire auch schon in der jüngeren Altsteinzeit getragen wurde, bezeugen Venusfiguren mit eingeritzten Gürteln.

Gürtel wurden in der Altsteinzeit sowohl als Fixiermittel als auch als Transportmittel eingesetzt. Der altsteinzeitliche Mensch befestigte einerseits mit einem Gürtel, etwa einer Schnur aus Sehnen oder einem Riemen aus Leder, Gewandteile (z. B. Lendenschurz und Hose) an seinem Körper. Als Fixierhilfe hatte der altsteinzeitliche Gürtel eine praktische Funktion.

Andererseits transportierte der Mensch der Altsteinzeit mit dem Gürtel Gehänge, die als Jagdtrophäen (z. B. Tierzähne und Knochen) und Sammeltrophäen (z. B. Federn und Muscheln) dienten. Als Transporthilfe erfüllte der altsteinzeitliche Gürtel eine magisch-schmückende und damit in gewisser Weise auch modisch-distinktive Funktion. Nebenbei bemerkt trugen auch die alten Griechen und Griechinnen aus modischen Gründen Fläschchen mit Blumenparfüms als Gürtelgehänge. Und in der Zeit der deutschen Reformation wurden von Frauen sogar Utensilien aus dem häuslichen Tätigkeitsbereich, etwa Schere und Besteckteile, am Gürtel hängend als modisches Zubehör getragen.

6.5.2 Tasche

Wie der Gürtel und der Schmuck zählt die Tasche zu den ältesten steinzeitlichen Accessoires. Sie war für den Eiszeitmenschen nahezu unentbehrlich. Taschen sind tragbare Behältnisse, die in der Altsteinzeit mutmaßlich in der Hand, am Riemen über der Schulter oder an der Kleidung befestigt getragen wurden.

Die altsteinzeitlichen Jäger und Sammler verwendeten die Tasche allerdings nicht als Accessoire im modischen Sinne, sondern als Behältnis zum Aufbewahren und Transportieren. Zum Beispiel bewahrten sie in Behältnissen aus Mammuthäuten oder Mammutdärmen Wasservorräte auf und sammelten und transportierten in Weidenkörben Beeren und Nüsse.

Des Weiteren wurden vom Neandertaler in einer Art Lederbeutel Bolasteine (bola, span.: Kugel) aufbewahrt, transportiert und als Schleuderwaffen eingesetzt. Als Fundort von Bolasteinen aus der mittleren Altsteinzeit ist der Abri La Quina (Département Charente, Frankreich) bekannt.

Die Menschen der Mittleren Steinzeit stellten darüber hinaus Behälter auch aus Birkenrinde her.

6.5.3 Handschuh

Zum Schutz der Hände gegen klimatische Einflüsse und Verletzungen wurden in der Altsteinzeit vermutlich Handschuhe bzw. Vorformen des Handschuhs angelegt.

Es ist anzunehmen, dass der altsteinzeitliche Mensch seine Hände bei Eiseskälte vor Erfrierung schützte, indem er sie mit Fellen umwickelte oder in eine Art Fellsack steckte.

Zum Schutz der Hand gegen Verletzungen, etwa beim Gebrauch des scharfkantigen Faustkeils, benutzte der altsteinzeitliche Werkzeug- und Waffenhersteller wohl einen ledernen Handschutz.

6.5.4 Accessoires für den Kopf

An Accessoires für den Kopf wurden in der Altsteinzeit Mützen und vermutlich auch Kopfbänder benutzt.

■ Mütze

Als Schutz seines Kopfes gegen die Eiseskälte, aber auch zu dessen Schmuck trug der *Homo sapiens* spätestens seit der jüngeren Altsteinzeit eine Mütze. Dieses altsteinzeitliche Accessoire belegen zum einen Elfenbeinperlen, die im jungpaläolithischen Sungir-Grab im Kopfbereich des Skeletts gefunden wurden und wahrscheinlich auf eine – allerdings nicht erhaltene – Mütze aufgenäht waren.

Zum andern trägt der Mann mit der Kniehose auf der oben erwähnten mesolithischen Felsmalerei aus Els Secans eine Mütze, das heißt eine krempen- und schirmlose Kopfbedeckung.

■ Kopfband

Auf das Tragen von Kopfbändern in der jüngeren Altsteinzeit deuten entsprechende Grabbeigaben hin. Beispielsweise wurden in einem jungpaläolithischen Fürstengrab bei Grimaldi (Italien, in der Nähe der französischen Grenze) im Kopfbereich des Toten vierreihig angeordnete Schmuckschnecken (durchlochte Schneckengehäuse) gefunden, die vermutlich auf ein Kopf- oder ein Stirnband, etwa aus Leder, aufgenäht waren.

6.5.5 Accessoires für den Fuß

Eine Umhüllung der Füße, die eine ausreichende Durchblutung dieser Körperteile gewährleistete, war für den eiszeitlichen „Alteuropäer" wohl überlebensnotwendig. Verhüllte er seine Füße anfänglich vermutlich mit Fellwicklungen, so bedeckte er sie seit der jüngeren Altsteinzeit mit eigentlichen Schuhen. Als Accessoires für den Fuß wurden in vorjungsteinzeitlicher Zeit Schlupfschuhe und Sandalen getragen.

■ **Schlupfschuh**

Aufgrund der Lage von Perlen im Knöchelbereich des Sungir-Mannes wird allgemein angenommen, dass dieser seine Füße mit einer Art Schlupfschuh bedeckte. Bei dieser Fußbekleidung handelte es sich möglicherweise um einen mokassinartigen Schlupfschuh, wie er beispielsweise von den Seminolen im Nordosten Nordamerikas angelegt wurde.

Unter Einbeziehung der Perlenanordnung im Sungir-Grab und in Anlehnung an die Fußbekleidung der Seminolen könnte man sich den Schlupfschuh des alteuropäischen *Homo sapiens* wie folgt vorstellen: Der jungpaläolithische Schlupfschuh war ein absatzloser, den ganzen Fuß umhüllender Mokassin. Er wurde aus einem Stück Fell oder Leder gefertigt, das im Bereich des Fußristes oder Fußrückens etwa mit einer Elfenbeinnadel und einem Sehnenfaden zusammengenäht wurde. Aufgrund ihrer Fertigungsweise besaß diese Mokassinart weder eine separate Sohle noch eine Sohlennaht und schützte dadurch relativ gut gegen Nässe, Kälte und Wind. Der Rand an der Einschlupföffnung wurde vermutlich mit applizierten Perlen oder aber mit aufgenähten Schmuckmuscheln und Schmuckschnecken verziert. Möglicherweise trug der alteuropäische *Homo sapiens* an kalten Tagen Mokassins mit dem Fell nach innen, eine Trageweise, die etwa bei den Indianern der Prärien und Plains sowie des Großen Beckens und des Plateaus üblich war. Vielleicht isolierte er seine schlupfartigen Mokassins oder mokassinartigen Schlupfschuhe auch durch Einlegen pflanzlicher Materialien, etwa von Gras oder Stroh.

Fraglich ist, ob der jungpaläolithische „Europäer" zudem Stiefel, wie auf Felsbildern dargestellte Bein- und Fußbekleidungen bisweilen gedeutet werden, trug. Ebenso gut könnte es sich bei diesen auf Fels gemalten Fußaccessoires um Mokassins handeln, die in Kombination mit Leggings aussehen wie Knie hohe Stiefel. Ein solches Erscheinungsbild findet man etwa bei der Fuß- und Beinbekleidung der nordamerikanischen Südwestindianer vor.

■ **Sandale**

Die vorjungsteinzeitlichen Menschen legten darüber hinaus im Sommer etwa aus Lederstreifen oder Binsen geflochtene Sandalen an.

Anmerkungen: Vgl. Baykal 2006, S. 72 ff., Fehlig 1988, S. 15 ff., Hoffmann 1999, S. 48 ff., 55 f., 59, 148, 159 f., 160 f., 205 f., 260 f., 271 ff., 275 f., 309, 330 u. 368 f., Karmann 2006, S. 111 ff., Kölbl 2003, S. 88 ff., Köthe 2003, S. 35 ff., Loschek 1991, S. 21 ff., Loschek 1993, S. 6, 59, 83 u. 254 f., Mauch 2006, S. 93 ff., Merkelbach 2006, S. 74 ff., Patou-Mathis 2006, S. 58 ff., Scheer 1995, S. 63, Schmalz 2006, S. 61 ff., Thiel 2000, S. 9 ff. und Wisniewski 1996, S. 178 u. 180.

6.6 Differenzierung von Kleidung

In der altsteinzeitlichen Blütezeit, dem Jungpaläolithikum, kam es zu einer Differenzierung oder Diversifikation der Kleidung. Diese lässt sich anhand der vier für die Ausdifferenzierung des Funktionsbereichs Mode bedeutsamen Sinndimensionen aufzeigen.

■ **Sachdimension**

In Bezug auf die Sachdimension zeigte sich die vestimentäre oder kleidungsbezogene Differenzierung zum einen in einer Vielfalt an Kleidungsstücken (z. B. lange und kurze Hose) und an Accessoires (z. B. Gürtel und Mütze).

Zum anderen unterschied der moderne Mensch der Altsteinzeit zwischen einer Unterkörper- und einer Oberkörperbekleidung (z. B. Hose und Hemd) sowie zwischen einer Unterbekleidung und einer Oberbekleidung (z. B. Lendenschurz und Schulterumhang). Für die Unterbekleidung setzte er wahrscheinlich weiches, elastisches und dünnes Fell oder Leder und für die Oberbekleidung festes, widerstandsfähiges und dickeres Fell- oder Ledermaterial ein.

■ **Sozialdimension**

In der altsteinzeitlichen Blütezeit – und dies betrifft die Sozialdimension – war eine Differenzierung der Kleidung nach den natürlichen Kategorien Geschlecht (Frauen- und Männerkleidung) und Alter (Kinderkleidung) anzutreffen.

Es gab aber auch schon eine hierarchische Differenzierung nach der Statuskategorie: Schamanen hoben sich gegenüber den übrigen „Alteuropäern" durch ihre Tierfellverkleidungen ab und erfolgreiche Jäger und Krieger zogen sicherlich durch das Tragen von besonders auserlesenen Fellen vestimentäre Grenzen.

■ **Zeitdimension**

Im Hinblick auf die Zeitdimension wurde die Kleidung nach der Kategorie Jahreszeit differenziert. Es ist davon auszugehen, dass der *Homo sapiens* im kalten Winter Ober- und Unterkörper sowie Kopf und Füße mit Kleidungsstücken und Accessoires bedeckte. Dagegen umhüllte er im – vor allem während einer Warmzeit – warmen Sommer wohl lediglich seinen Unterkörper mit einem Lendenschurz.

Außerdem wählte der moderne altsteinzeitliche Mensch für den Winter und Sommer sicherlich unterschiedliche Kleidungsmaterialien. Für die Winterkleidung benutzte er wahrscheinlich Fell- und Hautsorten mit einer hohen Wärmehaltigkeit (z. B. das wärmende Rentierfell), für die Sommerkleidung dagegen solche mit einer geringeren Wärmehaltigkeit (z. B. das dünnere Sommerfell des Polarfuchses).

■ **Raumdimension**

Bezüglich der Raumdimension gab es vermutlich eine Differenzierung der Kleidung nach der Unterscheidung von Innen und Außen bzw. nach der Differenz von Behausung und Natur. Teil einer „Indoorkleidung" könnte etwa eine Oberkörperbekleidung aus leichtem und wenig wasserabweisendem Leder gewesen sein und Teil einer „Outdoorkleidung" beispielsweise eine wetterfeste Oberbekleidung aus robustem Leder.

An dieser Stelle wird besonders deutlich, warum die Diversifikation der Kleidung es dem *Homo sapiens*, dem weisen Menschen, ermöglichte, sich an unterschiedliche klimatische Umwelten anzupassen und die gesamte Erde zu besiedeln.

Anmerkungen: Vgl. Schmidt 2007, S. 192 ff.

6.7 Modevorbilder

In der jüngeren Altsteinzeit waren nicht nur erste Anzeichen von Kunst und Religion, sondern auch von Mode zu beobachten. Neben künstlerischen Aktivitäten und religiösen Ideen fanden modebezogene Nachahmungen statt. Erste modespezifische Nachahmungen, die allerdings noch eng mit magisch-religiösen Vorstellungen verbunden waren, zeigten sich in der Altsteinzeit als Imitationen des Tiervorbildes. So wurden von Schamanen und Jägern Tierteile, zum Beispiel Zähne, Krallen oder Felle, zur Aussehensveränderung aus Gründen der Distinktion, zugleich aber auch aus kultisch-rituellen bzw. magischen Gründen benutzt.

6.7.1 Schamanen

Besonders eindrückliche Situationen der Nachahmung des Tiervorbildes sind auf jungpaläolithischen Felsmalereien in Höhlen Spaniens und Südfrankreichs festgehalten. Auf diesen Höhlenfelsbildern – sie gelten als erste bildliche Darstellungen bekleideter Menschen überhaupt – sind als Tiere verkleidete menschliche Gestalten zu sehen, die als Schamanen bei rituellen Handlungen gedeutet werden. Beispielsweise ist in der Höhle Le Gabillon (Dordogne, Frankreich) ein Schamane mit einem Bisonhaupt und einem langen Schwanz zu erkennen und in der Höhle Le Trois Frères (Ariège, Frankreich) ein Schamane mit einem Hirschgeweih in Fellverkleidung zu bewundern.

Der Schamane, der Mittler zwischen der Menschenwelt und der Geisterwelt, imitierte das Tiervorbild, da das Tier in paläolithischer Zeit aufgrund seiner Kraft und Stärke gegenüber dem Menschen als das ranghöhere Lebewesen galt.

Abb. 20 Schamane mit einem Hirschgeweih in Fellverkleidung

6.7.2 Jäger

Imitationen des Tiervorbildes lassen sich auch für den eiszeitlichen Jäger – dieser hatte aufgrund seiner Erfolge bei der Jagd eine exponierte Stellung inne – beobachten.

Der Jäger der Altsteinzeit trug Tierschmuck aus Teilen von Tieren, die er auf der Jagd erlegt hatte. Das Tragen von Tierschmuck hatte für den altsteinzeitlichen Jäger nicht nur eine Schmuck- und Auszeichnungsfunktion, nämlich die Demonstration von Jagderfolg. Sondern es hatte zugleich eine magische Funktion, nämlich allgemein die Funktion des Schutzes vor bösen Geistern oder vor unbekannten und dadurch Ängste auslösenden und verunsichernden Naturgewalten, und speziell die Funktion des Jagdzaubers bzw. die Beschwörung des Jagdglücks.

Nachahmungen des Tiervorbildes durch Jäger zeigten sich besonders deutlich im Umlegen eines Fells, beispielsweise eines Mammut- oder Rentierfells aus der Jagdbeute, wobei diesem wiederum Auszeichnungsfunktion und magische Funktion zugleich zukam. Das Tragen eines erlesenen oder seltenen Tierfells stellte einerseits eine besondere Auszeichnung dar. Am Verzehr eines Tieres waren nämlich meist mehrere Personen eines Stammes, einer Familie oder einer Wohngemeinschaft beteiligt, das Fell stand aber nur einem Einzigen, dem Erbeuter, zu und war somit ein Zeichen für dessen Erfolg und Tapferkeit. Andererseits sollte durch das Tragen eines Fellgewandes die Kraft und die Stärke des besiegten Tieres auf den Träger übergehen und zudem auch menschlichen oder tierischen Gegnern imponiert sowie Angst und Schrecken eingeflößt werden.

Anmerkungen: Vgl. Hoffmann 1999, S. 333, Hoppál 2002 und Schmidt 2007, S. 203 ff.

6.8   Modewandel

In der jüngeren Altsteinzeit gab es einen vestimentären Entwicklungssprung, der sich in gewisser Weise als erster Modewandel im steinzeitlichen Europa bezeichnen lässt. Der altsteinzeitliche Modewandel fand allerdings sehr langsam und nicht etwa wie heute saisonal statt.

Dieser Wandel der Art und Weise sich zu kleiden lässt sich anhand der modespezifischen Variablen Material, Farbe, Muster und Schnitt nachzeichnen.

6.8.1   Material

In Bezug auf das Material war der altsteinzeitliche Modewandel durch den Wandel von der Fell- zur Lederkleidung gekennzeichnet. Benutzten die frühen Bewohner des europäischen Kontinents zunächst ausschließlich Tierfelle als Bekleidungsmaterial, so setzten sie spätestens ab dem Jungpaläolithikum zusätzlich und zunehmend Leder für vestimentäre Zwecke ein. Der Wandel im Material profitierte von der Gerbtechnologie, deren Erfindung eine Ledergewinnung erst möglich machte.

6.8.2 Farbe

Im Hinblick auf die Farbe betraf der paläolithische Modewandel die Veränderung von der ungefärbten zur gefärbten Kleidung. Indem die altsteinzeitlichen Menschen anfänglich die Felle und Häute unterschiedlicher Tierarten für Bekleidungszwecke verwendeten, erhielten sie eine natürliche Farbvielfalt, die sich vor allem in unterschiedlichen Brauntönen (z. B. Gelbbraun, Graubraun, Rotbraun, Schwarzbraun) präsentierte. Da die „Alteuropäer" ihre Kleiderfelle und -häute spätestens ab der jüngeren Altsteinzeit auch mit Farbstoffen färbten, erzielten sie in steigendem Maße und obendrein eine künstliche Farbvielfalt in ihrer Kleidung, etwa Gelb-, Rot- und Brauntöne, mittels die Erdfarben Ocker und Rötel. Der Wandel im Farbbereich setzte die Beherrschung der Färbtechnologie voraus.

6.8.3 Muster

Der altsteinzeitliche Modewandel war vermutlich – und dies betrifft den Musterbereich – durch den Übergang von der natürlich gemusterten Fellkleidung zu der künstlich gemusterten Lederkleidung charakterisiert.

Entsprachen die Muster der Fellkleidung zunächst den Mustern der eingesetzten Tierfelle (z. B. Flecken, Tupfen), so wurden diese Fellmuster in der jüngeren Altsteinzeit wohl durch Malmuster ergänzt.

Die eventuell auf die jungpaläolithische Lederkleidung aufgetragenen Muster glichen möglicherweise den altsteinzeitlichen Ritzzeichnungen und Malereien auf Knochen und Höhlenwänden. Diese Vermutung wird dadurch erhärtet, dass auch beim Ritzen und Bemalen, also bei zwei unterschiedlichen Verzierungstechniken, ähnliche Muster verwendet wurden.

Die in der Altsteinzeit lebenden Menschen könnten demnach Lederhäute zum einen mit linearen (z. B. parallele, geschwungen und zickzackförmig verlaufende Linien sowie Striche, Rauten und Fischgrätenmuster) und figürlichen (z. B. Mammuttier und Wildpferdekopf) Mustern durch Ritzen verziert haben. Zum anderen könnten die altsteinzeitlichen Menschen Lederhäute aber auch mit linearen (z. B.

Linien, Punkte, Kreise, Dreiecke und Vierecke) und figürlichen (vor allem Tiermotive) Mustern bemalt haben.

Der mutmaßliche Wandel in der Mustervariablen geht auf die Unterstützung der in der Kunst gebrauchten Ritzzeichnungen, Knochenbemalungen und Höhlenmalereien zurück.

6.8.4 Schnitt

In Bezug auf den Schnitt war der altsteinzeitliche Modewandel durch die Ablösung der drapierten durch die genähte Kleidung gekennzeichnet. Für diesen Wandel im Schnittbereich war die Optimierung der Nähtechnologie durch die Erfindung der Nähnadel ausschlaggebend. Der schnittbezogene Wandel hatte eine besonders große Bedeutung für die altsteinzeitliche Bekleidungsweise.

Ob der *Homo erectus*, der älteste in Europa lebende Menschentyp, seinen Körper mit Tierfellen bekleidete, ist ungewiss. Mit hoher Wahrscheinlichkeit kann jedoch davon ausgegangen werden, dass sein Nachfolger, der Neandertaler, Felle zur Körperbedeckung benutzte, die er um seinen Körper, etwa um seine Schultern als Umhang, legte bzw. drapierte. Da Fellumhänge ohne Befestigungen ihm nur eingeschränkte Bewegungen ermöglichten, fixierte der eiszeitliche Jäger sicherlich seine Bekleidungsfelle nach und nach mit z. B. Sehnenfäden, zu Schnüren zusammengedrehten Sehnenfäden oder Lederriemen am Körper. Auch einzelne Körperteile, etwa die Füße, umwickelte der Neandertaler vermutlich mit Fellstücken und band sie mit dünnen Fäden, dicken Schnüren oder schmalen Riemen fest.

An die Stelle der drapierten Kleidung des Neandertalers trat die genähte Kleidung des *Homo sapiens* der jüngeren Altsteinzeit. Dieser brachte nicht wie jener Fell- und Lederteile beim Ankleiden durch Umlegen oder Drapieren in die gewünschte Passform, sondern durch Zuschneiden und Nähen vor dem Anlegen.

Anmerkungen: Vgl. Hoffmann 1999, S. 47 f. u. 309, Lehnert 1998, S. 20 f., Schmidt 2007, S. 32 f. und 2012, S. 31 f. und Schnieper / Kruse-Schulz 2002, S. 57 f.

6.9 Modekörper

Der altsteinzeitliche Modewandel zeigte sich wie jeder Modewandel nicht nur in einer Veränderung der Kleidung, sondern auch in einer Veränderung des Körpers. Spätestens seit der jüngeren Altsteinzeit begannen die Menschen ihren Körper auch aus modisch-distinktiven Gründen zu verändern. Diese kreativen Körperveränderungen beziehen sich auf „Haut und Haare": Der altsteinzeitliche Modekörper präsentierte sich als ein frisierter und bemalter Körper.

6.9.1 Frisuren

Modisch-distinktive Körperveränderungen lassen sich in erster Linie an den Frauenfrisuren beobachten. Sowohl Felsmalereien als auch Frauenfigürchen zeigen, dass die vorjungsteinzeitliche Frau unterschiedliche Frisuren trug.

Abb. 21 Haarknoten

Abb. 23 Kleine kurze Löckchen

Abb. 22 Hochsteckfrisur

Abb. 24 Lange Stufenlocken

Auf einer spanischen Felsmalerei ist beispielsweise eine Frau mit einem Haarknoten auf dem Kopf zu sehen. Und vermutlich mit einer Hochsteckfrisur ist ein rund 26.000 Jahre alter Elfenbeinkopf aus Dolní Věstonice (Südmähren) geschmückt, der übrigens mutmaßlich eine bestimmte Person darstellt und damit möglicherweise als ältestes Porträt der Welt angesehen werden kann.

Besonders gut sind an den dreidimensionalen und daher von allen Seiten anschaubaren Frauenfigürchen Lockenfrisuren zu erkennen. Kleine, kurze Löckchen umrahmen zum Beispiel den Kopf der 28.000 Jahre alten 10.8 cm hohen, steinernen Venus von Willendorf aus Österreich.

Dagegen trägt ein in der Grotte du Pape (Bassempouy, Südwestfrankreich) gefundenes, rund 23.000 Jahre altes und etwa 3.6 cm hohes Elfenbeinfigürchen lange Stufenlocken. Erstaunlich ist, dass die Lockenfrisuren der jungpaläolithischen Frauenfigürchen eine auffallende Ähnlichkeit mit den altägyptischen Perückenfrisuren aufweisen.

6.9.1 Körperbemalungen

Einiges spricht dafür, dass der altsteinzeitliche *Homo sapiens* (und wohl auch schon der Neandertaler) seinen Körper bzw. seine Haut zum Beispiel mit rotem Ocker bemalte und damit auf kreative Weise temporär veränderte. Zum einen weisen die Figurinenkörper jungpaläolithischer Frauenstatuetten Spuren einer roten Bemalung auf.

Zum anderen kann angenommen werden, dass die in Höhlen gefundenen Malwerkzeuge (z. B. Reibschalen) und Malmaterialien (z. B. Farbpulver, Pigmentstifte) vom *Homo sapiens* nicht nur zur Bemalung von Höhlenwänden und Lederhäuten, sondern auch zur Bemalung seiner Haut benutzt wurden. Den modernen Menschen der Altsteinzeit standen genügend Materialien zur Verfügung, mit denen sie ihre Körper auf vielfältige Art und Weise bemalen konnten. Zum Beispiel konnte die jungpaläolithische Frau ihren Körper mit Pigmentstiften bemalen, mit „Puder" aus zerriebenen Farben bestreuen, mit einer aus Farbpulver und z. B. Eiweiß gemixten „Salbe" einpinseln oder mit einer aus Farbpulver und Fett angerührten „Creme" einreiben.

Möglicherweise verwendeten die modernen altsteinzeitlichen Menschen zur Körperbemalung die gleichen geometrischen Muster wie bei der Bemalung von Tierknochen. Denkbar ist aber auch, dass sich die modernen Menschen der Altsteinzeit – wie etliche Naturvölker – von der heimischen Fauna inspirieren ließen und Fellmuster als Design für ihre Hautbemalung wählten.

Anmerkungen: Vgl. Bruns 1989, S. 7 ff., Chrisp 2008, S. 31, Fehlig 1988, S. 15 ff., Hoffmann 1999, S. 128 ff. u. 244 ff., Köthe 2003, S. 30 ff., Loschek 1991, S. 25 ff., Schnieper / Kruse-Schulz 2002, S. 57 f. und Thiel 2000, S. 9 ff.

6.10 Mannequins

Die modernen Menschen der Altsteinzeit richteten in nahezu ganz Europa Siedlungsplätze ein, an denen zahlreiche Frauenfigurinen gefunden wurden, die in gewisser Weise als Mannequins gedeutet werden können.

6.10.1 Frauenfigurinen

Auffallend ist, dass etliche der jungpaläolithischen Stein- und Elfenbeinfigürchen nicht nackt, sondern „bekleidet" dargestellt sind.

So präsentieren sich einige, darunter auch die berühmte Venus von Willendorf, mit eingeritzten Gürteln und Schmuckstücken (z. B. Brustschmuck, gezackte Armreife und Halsbänder) als Accessoire-Figurinen.

Andere, etwa die mit einer langen Fellhose und einem Kapuzenparka aus Fell „bekleidete" Buret-Statuette, lassen sich als Gewand-Figurinen bestimmen. Zu Gewandfigurinen aus dem asiatischen Raum zählen auch einige Frauenfigürchen aus Menzin (Ukraine), die mutmaßlich eine Fell-Musterung aufweisen.

Und wieder andere jungpaläolithische Frauenfigürchen sind mit Frisuren „bekleidet" bzw. gestylt und figurieren als Frisur-Figurinen, zum Beispiel das Elfenbeinfigürchen aus Bassempouy mit langen Stufenlocken oder die Venus von Willendorf mit kurzen gedrehten Löckchen.

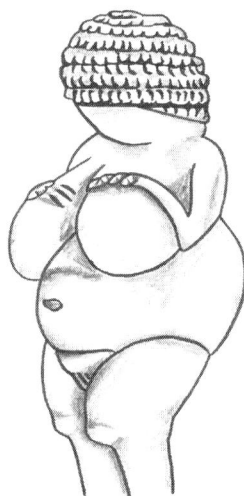

Abb. 25 Venus von Willendorf als Accessoire- und Frisurfigurine

6.10.2 Modepüppchen

Dadurch, dass die „bekleideten" Frauenfigürchen der jüngeren Altsteinzeit einerseits als Anhänger getragen und andererseits von Hand
zu Hand weiter gereicht wurden, dienten sie in gewisser Weise als auf
die Präsentation und Verbreitung von „Modetrends" spezialisierte
Modepüppchen und damit zugleich als Vorläufer der späteren Mannequins des 19. Jahrhunderts. In ihrer Präsentations- und Verbrei-
tungsfunktion sind die „bekleideten" altsteinzeitlichen Frauenfigürchen möglicherweise vergleichbar mit den hellenistischen Tanagrafi-
gürchen (das waren kleine „bekleidete" Tonstatuetten bzw. kleine
tönerne Gewandstatuetten aus Tanagra, einer Stadt in Böotien, Ende
des 4. Jh. v. Chr.), welche die hellenistischen Modeprogramme präsen-
tierten und verbreiteten.

Anmerkungen: Vgl. Baykal 2006, S. 72 ff., Schmidt 2007, S. 236 ff. und 2012,
S. 80 f. und Thiel 2000, S. 9 ff.

6.11 Entstehung von Kleidung

Zu den Gründen, weshalb der Mensch im Laufe seiner Evolution seinen Körper verhüllt, ihn mit Kleidung umschlossen hat, gibt es verschiedene Erklärungsversuche. Sie lassen sich in drei Theorien, den Entstehungstheorien zur Kleidung, zusammenfassen.

Im Folgenden wird zunächst das Zustandekommen dieser drei Entstehungstheorien auf der Basis von grundlegenden Kleidungsmotiven und Kleidungsfunktionen erläutert. Danach werden die einzelnen Theorien im Hinblick auf die Entstehung der Kleidung im altsteinzeitlichen „Europa" diskutiert. Abschließend wird das Zusammenspiel der grundlegenden Kleidungsmotive in der Altsteinzeit erörtert.

6.11.1 Grundlegende Kleidungsmotive

Die Entstehung von Kleidung wird auf drei grundlegende Motive zurückgeführt. Für den Ursprung der Kleidung, zu der alle Gegenstände gehören, die den Körper bedecken, sind im Wesentlichen drei Motive grundlegend, die Motive Schutz, Schmuck und Scham.

Diese grundlegenden Motive stehen in unmittelbarem Zusammenhang zu den elementaren Funktionen, die der Mensch von seiner Kleidung, dem Kleid seines Körpers, erwartet. Kleidung soll den Körper schützen, sie soll den Träger oder die Trägerin schmücken und auszeichnen und sie soll den Körper verhüllen. Hauptsächliche Funktionen der Kleidung sind somit die physiologische, die ästhetisch-soziale und die moralische Funktion.

Je nachdem, welches Motiv zugrunde gelegt und welche Funktion zugedacht wird, lassen sich drei Entstehungs- oder Ursprungstheorien zur Kleidung unterscheiden, die Schutztheorie, die Schmucktheorie und die Schamtheorie.

6.11.2 Schutztheorie

Bei der Schutztheorie wird der Ursprung der Kleidung mit dem Schutzbedürfnis erklärt. Der Mensch ist auf Kleidung „angelegt". Ohne Kleidung, die zweite Haut des Körpers, ist der Mechanismus der menschlichen Thermoregulierung außerhalb der Tropen nicht funktionsfähig. Kleidung hat eine physiologische Funktion und schützt gegen äußere Einflüsse.

Der Haupteinwand gegen die Schutztheorie lautet, dass in manchen Regionen der Welt auch nackte Menschen wohnen und in tropischen Ländern die Entstehung von Kleidung nicht aus dem Schutzbedürfnis erklärt werden kann. Bei den Naturvölkern gab es zwar unbekleidete, aber keine ungeschmückten Menschen.

Im Hinblick auf die Entstehung der Kleidung in der europäischen Altsteinzeit ist die Schutztheorie einleuchtend: Die altsteinzeitliche Fellkleidung bot Schutz gegen die klimatischen Einflüsse der Eiszeit wie Kälte, Schnee, Regen, Wind und bisweilen auch Sonne. Außerdem schützte die paläolithische Kleidung gegen Verletzungen beim Sammeln und Jagen sowie gegen Erkrankungen, etwa gegen die gefährliche Lungenkrankheit. Aufgrund des extremen eiszeitlichen Klimas besaß die Schutzfunktion der Kleidung damals einen außerordentlich hohen Stellenwert. Es ist nicht übertrieben zu sagen, dass die Kleidung in der Altsteinzeit eine Überlebensfunktion hatte.

6.11.3 Schmucktheorie

Im Rahmen der Schmucktheorie wird das Schmuck- und Auszeichnungsstreben als Ursache für die Entstehung von Kleidung angegeben. Aufgrund der Tatsache, dass es in bestimmten Zonen der Erde zwar unbekleidete, aber keine ungeschmückten Menschen gibt, wird aus dieser Perspektive der Ursprung der Kleidung auf das Schmuck- und Auszeichnungsstreben des Menschen zurückgeführt.

Kleidung als Mittel zur schmückenden Auszeichnung hat eine ästhetisch-soziale Funktion. Betont man die ästhetische Funktion der Kleidung, dient diese als Mittel zur individuellen Gestaltung und Veränderung der äußeren Erscheinung. Wird in den Mittelpunkt der Betrachtung die soziale Funktion der Kleidung gerückt, fungiert sie als Symbol für Gruppenzugehörigkeit und soziale Stellung.

Wichtigstes Argument gegen die Schmucktheorie ist, dass das Tragen von Schmuck primär nicht auf das Bedürfnis nach schmückender Auszeichnung, sondern auf ein magisches Schutzbedürfnis zurückgeht und sich vor diesem Hintergrund erst spezielle Schmuckformen entwickelten.

Durch die Schmucktheorie wird die Entstehung der Kleidung auf dem europäischen Kontinent ebenfalls angemessen erklärt: Kleidung hatte bereits in der frühen Altsteinzeit eine ästhetisch-soziale Funktion. So diente das Tragen von Schmuck, der im Kampf erbeutet wurde, nicht nur der Verschönerung seines Trägers, sondern zeichnete diesen auch als Sieger aus. Unter Schwerpunktsetzung auf die ästhetische Funktion der Kleidung ist zu erkennen, dass der „Alteuropäer" mit individuellen Schmuckkreationen und Bemalungen von Lederhäuten sowie der eigenen Haut seine Erscheinung veränderte. Im Hinblick auf die soziale Funktion der Kleidung lässt sich feststellen, dass die altsteinzeitliche Kleidung nicht nur das Geschlecht und wohl auch das Alter kennzeichnete, sondern auch den Stand. In den altsteinzeitlichen Tierfell-Verkleidungen wurde die gehobene Stellung der Schamanen offensichtlich.

6.11.4 Schamtheorie

Als Ursache für die Entstehung von Kleidung wird bei der Schamtheorie das Schamgefühl verantwortlich gemacht. Von einigen Theoretikern wird als Ursache der Entstehung von Kleidung das Schamgefühl angeführt, das im Sündenfall begründet ist:

„Und sie nahm die Frucht und aß und gab ihrem Mann, der bei ihr war, auch davon, und auch er aß. Da wurden ihnen beiden die Augen aufgetan, und sie wurden gewahr, dass sie nackt waren, und flochten Feigenblätter zusammen und machten sich Schurze. Und sie hörten Gott den HERRN, wie er im Garten ging, als der Tag kühl geworden war. Und Adam versteckte sich mit seinem Weibe vor dem Angesicht Gottes des HERRN unter den Bäumen im Garten. Und Gott der HERR rief Adam und sprach zu ihm: Wo bist du? Und er sprach: Ich hörte dich im Garten und fürchtete mich, denn ich bin nackt, darum versteckte ich mich."
(Moses 1/3/6–11, zit. nach Die Bibel 1967, Das alte Testament, S. 14)

Um gottähnlich zu werden, essen Adam und Eva im Paradies verbotene Früchte vom Baum der Erkenntnis und begehen somit den ersten Sündenfall, der das Schuldig-Werden schlechthin verkörpert. Nach dieser Übertretung des Verbotes Gottes wird sich das erste Menschenpaar seiner Nacktheit bewusst und bedeckt seinen Körper mit Feigenblättern, es bekleidet ihn. Da in der Paradiesgeschichte zunächst die

Sünde und dann auch das Schamgefühl in Verbindung mit der Blöße des Menschen gebracht werden, ziehen die Befürworter der Schamtheorie dieses als Ursache für den Ursprung der Kleidung heran.

Als Mittel zum Verhüllen des Körpers gehört Kleidung zu den Regulationsmechanismen der Moral und hat eine moralische Funktion, die durch den Gegensatz von Verhüllen und Enthüllen gekennzeichnet ist.

Gegner der Schamtheorie kritisieren vor allem, dass das Schamgefühl anerzogen und nicht angeboren ist. Denn erst durch das gewohnheitsmäßige Verhüllen von Körperteilen bildet sich das Schamgefühl heraus und ist somit eine Folge und nicht eine Ursache von Kleidung.

Ob die Schamtheorie als Erklärung für die Entstehung der Kleidung in der europäischen Steinzeit taugt, ist fraglich. Zwar trugen die Menschen der Altsteinzeit nachweislich einen Lendenschurz. Ob sie aber mit diesem Kleidungsstück ihre intimen Körperteile aus einem Schamgefühl heraus bedeckten oder aufgrund eines Schutzbedürfnisses vor Verletzungen bewahren wollten, bleibt ungewiss.

6.11.5 Zusammenwirken der grundlegenden Kleidungsmotive

Indem die altsteinzeitliche Kleidung meist gleichzeitig schützte, schmückte, auszeichnete und verhüllte war sie mehrfach motivational belegt. Bei der Frage nach dem ursprünglichen Kleidungsmotiv erschwert diese Mehrfachmotivierung eine Prioritätensetzung und lässt für die Entstehung der „alteuropäischen" Kleidung keine einfache klimatische Begründung zu, auch wenn diese angesichts der damals herrschenden eiszeitlichen Bedingungen besonders plausibel erscheint.

Die elementaren Kleidungsmotive, vor allem die beiden Motive Schutz und Schmuck/Auszeichnung waren in der Altsteinzeit so eng miteinander verbunden und beeinflussten sich so sehr, dass die Veränderung des einen Motivs nahezu automatisch einen Wandel des anderen Motivs nach sich zog.

Im Blick auf die gegenseitige Abhängigkeit der elementaren Kleidungsmotive und Kleidungsfunktionen könnte man von einem Inter-

dependenzmodell sprechen bzw. das Bild der Vernetzung als ange-
messene Erklärung für die Entstehung der Kleidung im altsteinzeitlichen Europa heranziehen.

Die beschriebenen elementaren Kleidungsmotive Schutz, Schmuck/
Auszeichnung und Scham mit ihren jeweiligen Funktionen sind mit
ihrer Erklärungskraft übrigens noch heute gültig. Innerhalb der
geschichtlichen Entwicklung der Kleidung erfuhren sie jedoch eine
Modifizierung und Erweiterung dadurch, dass sie zeitabhängig unter-
schiedlich gewichtet und durch weitere Kleidungsmotive ergänzt
oder umgestaltet wurden.

Anmerkungen: Vgl. Schmidt / Janalik 2011, S. 7 ff.

Literatur

Baum, Jörg / Lenzen, Arnulf / Ludwig, Günter: Bei den Jägern der Altsteinzeit, hrsg. vom Museumspädagogischen Zentrum München. München, 5. Aufl. 1987.

Baykal, Hakan: Im Bestiarium der Steinzeit. In: Spektrum der Wissenschaft. Spezial (Themenheft: Mensch, Mammut, Eiszeit). Heidelberg 2006, Heft 1, S. 72–79.

Bischoff, Jürgen / Engeln, Henning: Wie der Glaube in die Welt kam. In: GEOkompakt. Die Grundlagen des Wissens (Themenheft: Glaube und Religion). Hamburg 2008, Nr. 16, S. 24–40.

Bischoff, Jürgen: Die Kunst des Lebens. In: GEOkompakt. Die Grundlagen des Wissens (Themenheft: Die Evolution des Menschen). Hamburg 2005, Nr. 4, S. 132–145.

Bohnsack, Almut: Spinnen und Weben. Entwicklung von Technik und Arbeit im Textilgewerbe. Reinbeck bei Hamburg 1981.

Bruns, Margarete: Von rotem Ocker, Kermesläusen und Purpurschnecken. Zur Geschichte der roten Farbe. In: Ploss, Emil Ernst: Ein Buch von alten Farben. Technologie der Textilfarben im Mittelalter mit einem Ausblick auf die festen Farben (Mit zwei vorangestellten Beiträgen über die Geschichte der Farben Rot und Blau von Margarete Bruns). München, 6. erw. Aufl. 1989, S. 7–13.

Buchholz, Nora: Kleidung und Leben in der Altsteinzeit. Lernen an Stationen in der Grundschule. Wissenschaftliche Hausarbeit. Pädagogische Hochschule Heidelberg 2008 (unveröff.).

Chrisp, Peter: Frühe Kulturen. München 2008.

Das neue Duden Lexikon in 10 Bd. (hrsg. u. bearb. von d. Lexikonred. d. Bibliograph. Inst.; Red. Bearb.: Ingrid Adam). Mannheim; Wien; Zürich 1984.

Die Bibel oder die ganze heilige Schrift des alten und neuen Testaments nach der Übersetzung Martin Luthers. Württembergische Bibelanstalt. Stuttgart 1967.

Eberle, Hannelore u.a.: Fachwissen Bekleidung (Europa-Lehrmittel). Haan-Gruiten, 2. Aufl. 1991.

Eberle, Ute: Die Geburt der Sprache. In: GEOkompakt. Die Grundlagen des Wissens (Themenheft: Wie der Mensch die Erde eroberte). Hamburg 2010, Nr. 24, S. 48–49.

Engeln, Hennig: Vom Leben in der Kältesteppe: In GEOkompakt. Die Grundlagen des Wissens (Themenheft: Wie der Mensch die Erde eroberte). Hamburg 2010a, Nr. 24, S. 65–77.

Engeln, Hennig: Von einem, der auszog, die Erde zu erobern. In: GEOkompakt. Die Grundlagen des Wissens (Themenheft: Wie der Mensch die Erde eroberte). Hamburg 2010b, Nr. 24, S. 8–24.

Engeln, Henning: Von der Höhle zum Haus. In: GEOkompakt. Die Grundlagen des Wissens (Themenheft: Die Steinzeit). Hamburg 2007, Nr. 13, S. 6–17.

Erste Weber in der Altsteinzeit (Quelle unbekannt), S. 188.

Ethymologisches Wörterbuch des Deutschen (Erarbeitet unter der Leitung von Wolfgang Pfeifer): Stichwort Granne. München 3. Aufl. 1997, S. 469.

Fehlig, Ursula: Kostümkunde für die Berufsausbildung. Mode im Wandel der Zeit. Leipzig, 5. verbesserte Aufl. 1988, S. 15–22.

Ferrera, Mirella: Arktis. In: Ferrera, Mirella (Hrsg.): Völker der Welt. [Köln] 2003, S. 290–313.

Feuerstein-Praßer, Karin u. a.: Reader's Digest Illustrierte Geschichte der Welt. Die Entstehung unserer Zivilisation. 6 Mio.–900 v. Chr. Stuttgart, Zürich, Wien, überarb. Neuaufl. 2005, S. 104–118.

Feustel, Rudolf: Technik der Steinzeit. Archäolithikum – Mesolithikum. Weimar 1973.

Foucault, Alain: Vom üppigen Leben in der Mammutzeit. In: Spektrum der Wissenschaft. Spezial (Themenheft: Mensch, Mammut, Eiszeit). Heidelberg 2006, Heft 1, S. 6–11.

Harf, Rainer: Das Ende der Eiszeitriesen. In: GEOkompakt. Die Grundlagen des Wissens (Themenheft: Die Steinzeit). Hamburg 2007, Nr. 13, S. 46–52

Harf, Rainer: Der lange Weg des Menschen. In: GEOkompakt. Die Grundlagen des Wissens (Themenheft: Wie der Mensch die Erde eroberte). Hamburg 2010, Nr. 24, S. 42–34.

Heller, Eva: Wie Farben wirken. Reinbek bei Hamburg 1995.

Henk, Malte: Zeit der Jäger. In: GEOkompakt. Die Grundlagen des Wissens (Themenheft: Die Steinzeit). Hamburg 2007, Nr. 13, S. 20–33.

Herwig, Marc: Die Suche nach den Erfindern der Kunst. In: Rhein-Neckar-Zeitung. Heidelberg 2009, Nr. 110 (14. Mai), S. 22.

Hoffmann, Emil: Lexikon der Steinzeit (Becksche Reihe; 1325). München 1999.

Hoppál, Mihály: Das Buch der Schamanen. Europa und Asien (Aus dem Ungarischen von Hannelore Schmör-Weichenhain). München 2002.

Karmann, Gabrielle: Kleidung der Indianer der Prärien und Plains. In: Schmidt, Doris (Hrsg.): Kleidung, Körper, Lebensraum. Die Indianer Nordamerikas. Baltmannsweiler 2006, S. 107–124.

Kästner, Sabrina: Kleidung der Indianer der Arktis. In: Schmidt, Doris (Hrsg.): Kleidung, Körper, Lebensraum. Die Indianer Nordamerikas. Baltmannsweiler 2006, S. 1–22.

Koenigswald, Wighart v. / Hanhn, Joachim: Jagdtiere und Jäger der Eiszeit. Fossilien und Bildwerke. Katalog zur Sonderausstellung im Hessischen Landesmuseum Darmstadt vom 26.11.1981–31.1.1982. Stuttgart 1981.

Kölbl, Stefanie: Im Tod festgehalten – Jungpaläolithische Bestattungen mit Schmuckbeigaben. In: Kölb, Stefanie / Conard, Nicholas John (Hrsg.): Status und Schönheit. Urgeschichtliches Museum Blaubeuren. Museumsheft 6. Blaubeuren 2003, S. 79–91.

Köthe, Rainer: Der Urmensch. Nürnberg 2003.

Kramer, Katharina: Die Gewissheit des Todes. In: GEOkompakt. Die Grundlagen des Wissens (Themenheft: Wie der Mensch die Erde eroberte). Hamburg 2010, Nr. 24, S. 84–85.

Kramer, Katharina: Die Macht des Wortes. In: GEOkompakt. Die Grundlagen des Wissens (Themenheft: Die Evolution des Menschen). Hamburg 2005, Nr. 4, S. 150–155.

Lausch, Erwin: Der lange Weg des Menschen. In: GEOkompakt. Die Grundlagen des Wissens (Themenheft: Die Evolution des Menschen). Hamburg 2005, Nr. 4, S. 6–23.

Lehnert, Gertrud: Mode. Köln 1998, S. 21–22.

Lexikon 2000 (Redaktion: Friedemann Bedürftig). 20 Bände. Köln 1990.

Loschek, Ingrid: Accessoires. Symbolik und Geschichte. München 1993.

Loschek, Ingrid: Mode. Verführung und Notwendigkeit. München 1991.

Loschek, Ingrid: Reclams Mode- und Textillexikon. Stuttgart, 2. Aufl. 1988.

Mann, Karin: Kleidung der Indianer der Subarktis. In: Schmidt, Doris (Hrsg.): Kleidung, Körper, Lebensraum. Die Indianer Nordamerikas. Baltmannsweiler 2006, S. 41–55.

Mauch, Daniela: Kleidung der Indianer des Südwestens. In: Schmidt, Doris (Hrsg.): Kleidung, Körper, Lebensraum. Die Indianer Nordamerikas. Baltmannsweiler 2006, S. 89–105.

Merkelbach, Anne: Kleidung der Indianer des Großen Beckens und des Plateaus. In: Schmidt, Doris (Hrsg.): Kleidung, Körper, Lebensraum. Die Indianer Nordamerikas. Baltmannsweiler 2006, S. 71–87.

Mühe, Karoline: Kleidung der Indianer der Nordwestküste. In: Schmidt, Doris (Hrsg.): Kleidung, Körper, Lebensraum. Die Indianer Nordamerikas. Baltmannsweiler 2006, S. 23–40.

Müller-Beck, Hansjürgen: Eiszeiten. Naturgeschichte und Menschheitsgeschichte. München 2005, S. 62–112.

Noblet-Ducoudré, Nathalie de u. a. Rätsel der Eiszeiten. In: Spektrum der Wissenschaft. Spezial (Themenheft: Mensch, Mammut, Eiszeit). Heidelberg 2006, Heft 1, S. 36–43.

Oakes, Jill / Riewe, Rick: Die Kunst der Inuit-Frauen: Stolze Stiefel, Schätze aus Fell. München 1996.

Ochs, Kira: Kleidung der Indianer des Südostens. In: Schmidt, Doris (Hrsg.): Kleidung, Körper, Lebensraum. Die Indianer Nordamerikas. Baltmannsweiler 2006, S. 125–141.

Paetsch, Martin: Aufbruch zu neuen Kontinenten. In: GEOkompakt. Die Grundlagen des Wissens (Themenheft: Wie der Mensch die Erde eroberte). Hamburg 2010, Nr. 24, S. 86–99.

Paetsch, Martin: Der andere Mensch. In: GEOkompakt. Die Grundlagen des Wissens (Themenheft: Die Evolution des Menschen). Hamburg 2005, Nr. 4, S. 122–126.

Paetsch, Martin: Im Reich der Geister und Schamanen. In: GEOkompakt. Die Grundlagen des Wissens (Themenheft: Die Steinzeit). Hamburg 2007, Nr. 13, S. 42–45.

Parker, Philipp: Geschichte. Kompakt & visuell. München 2010, S. 56–71.

Patou-Mathis, Marylène: Eiszeitelefanten als Existenzgrundlage. In: Spektrum der Wissenschaft. Spezial (Themenheft: Mensch, Mammut, Eiszeit). Heidelberg 2006, Heft 1, S. 58–63.

Péan, Stéphane: Wohnen in Knochenhütten. In: Spektrum der Wissenschaft. Spezial (Themenheft: Mensch, Mammut, Eiszeit). Heidelberg 2006, Heft 1, S. 64–71.

Ploss, Emil Ernst: Ein Buch von alten Farben. Technologie der Textilfarben im Mittelalter mit einem Ausblick auf die festen Farben (Mit zwei vorangestellten Beiträgen über die Geschichte der Farben Rot und Blau von Margarete Bruns). München, 6. erw. Aufl. 1989.

Scheer, Anne: Von der Rohhaut bis zur Kleidung. In: Scheer, Anne (Hrsg.): Eiszeitwerkstatt. Blaubeuren 1995, S. 47–66.

Schmalz, Mareike: Kleidung der Indianer des Nordostens. In: Schmidt, Doris (Hrsg.): Kleidung, Körper, Lebensraum. Die Indianer Nordamerikas. Baltmannsweiler 2006, S. 57–70.

Schmidt, Doris (Hrsg.): Kleidung, Körper, Lebensraum. Die Indianer Nordamerikas. (Studienreihe Mode- und Textilwissenschaft. Band 3.) Baltmannsweiler 2006.

Schmidt, Doris / Janalik, Heinz: Kleidung, Körper, Gesundheit. Baltmannsweiler 2011.

Schmidt, Doris: Die Mode der Gesellschaft. Eine systemtheoretische Analyse. Baltmannsweiler 2007.

Schmidt, Doris: Mode und Gesellschaft. 101 Grundfragen. Baltmannsweiler 2012.

Schmidt, Doris: Modereisen. Von Ägypten bis Amerika. Baltmannsweiler 2010.

Schnieper, Claudia / Kruse-Schulz, Udo: Auf den Spuren des Menschen. Das Rätsel der Entwicklungsgeschichte. Luzern, 2. Aufl. 2002.

Schnurr, Johannes: Der „Adam" siedelte vor 6000.000 Jahren am Neckar. In: Rhein-Neckar-Zeitung 2012, Nr. 139 v. 18.6., S. 14.

Schrenk, Friedemann / Müller, Stephanie (Unter Mitarbeit von Hemm, Christine): Die Neandertaler. München 2005.

Stauffacher Lexikon. Das Wissen der Menschheit in einem Band. Zürich 1966.

Stuart, Antony: Untergang des Mammuts. In: Spektrum der Wissenschaft. Spezial (Themenheft: Mensch, Mammut, Eiszeit). Heidelberg 2006, Heft 1, S. 44–51.

Svoboda, Jiří: Die Großwildjäger in Mähren. In: Spektrum der Wissenschaft. Spezial (Themenheft: Mensch, Mammut, Eiszeit). Heidelberg 2006, Heft 1, S. 52–57.

Tassy, Pascal: Geschichte des Mammuts. In: Spektrum der Wissenschaft. Spezial (Themenheft: Mensch, Mammut, Eiszeit). Heidelberg 2006, Heft 1, S. 21–29.

Thiel, Erika: Geschichte des Kostüms. Die europäische Mode von den Anfängen bis zur Gegenwart. Wilhelmshaven, 7., ergänzte u. aktualisierte Aufl. 2000, S. 9–14.

Weiß, Bertram: Der Mensch wird modern. In: GEOkompakt. Die Grundlagen des Wissens (Themenheft: Die Steinzeit). Hamburg 2007, Nr. 13, S. 54–65.

Wisniewski, Claudia: Kleines Wörterbuch des Kostüms und der Mode. Stuttgart 1996.

Witte, Sebastian: Der Weg in die Welt. In: GEOkompakt. Die Grundlagen des Wissens (Themenheft: Wie der Mensch die Erde eroberte). Hamburg 2010, Nr. 24, S. 6–7.

Zick, Michael: Die ersten Künstler. In: Abenteuer Archäologie (Themenheft: Der Mensch aus dem Neandertal). Heidelberg 2006, Heft 1, S. 28–31.

Register

Abschaben 43
Accessoire 84, 86, 87
Altpaläolithikum 14
Altsteinzeit 12, 13
Altsteinzeit, ältere 14
Altsteinzeit, Gliederung 13
Altsteinzeit, jüngere 15
Altsteinzeit, mittlere 14
Anhängerschmuck 67
Applikationstechnologie 59
Armschmuck 71
Aufnähen 59

Behausung 28
Bernstein 66
Bestattung 38
Blase 27
Blütezeit, altsteinzeitliche 15

Charaktertier 25

Darm 27

Eiszeit 18
Enthaaren 44
Erdfarbe 49

Fadentechnologie 53
Farbe 49, 93

Färben 51
Färbtechnologie 49
Fauna 18
Faustkeil Abb. 43
Fell 26, 40
Fellgewinnung 42
Felltechnologie 40
Fellverkleidung Abb. 91
Fels 29
Felsbildkunst 34
Fettgerbung 45, 46
Feuer 31
Figur 69
Figurine 97
Fingernähen 56
Flechttechnologie 61
Fleisch 26
Flora 18
Frauenfigurine 69, 97; Abb. 98
Frauenkleidung 80
Frisur 95; Abb. 95

Gagat 65
Gerben 51
Gewandschmuck 71
Geweih 27; Abb. 91
Glaube 37
Grab Abb. 73
Gürtel 84

Haar 26
Halskette Abb. 70
Haarknoten Abb. 95
Halsschmuck 70
Handnähen 55
Handschuh 86
Häuten 42
Hemd 78; Abb. 78
Hochsteckfrisur Abb. 95
Höhle 28
Höhlenkunst, Motiv 33
Höhlenmalerei 33
Homo erectus 19, 23, 38
Homo sapiens 20, 22, 24, 39
Hose, lange 76, 82; Abb. 83
Hütte 29

Jäger 23, 91
Jungpaläolithikum 14, 15
Jungsteinzeit 13

Kapuzenparka 83; Abb. 83
Kinderkleidung 84
Kleiderfarbe 50
Kleidung, Differenzierung 88
Kleidung, Entstehung 99
Kleidung, Quelle 16
Kleidungsmotiv,
    grundlegendes 99, 102
Kleidungsstück, Oberkörper
    78, 83

Kleidungsstück, Unterkörper
    75, 80
Kleintierfell 42
Klima 18
Kniehose 77; Abb. 78
Knochen 27, 65
Knüpftechnologie 60
Kopfband 86
Körperbemalung 96
Körperschmuck 70
Kulturstufen, jüngere
    Altsteinzeit 15
Kulturstufe, Magdalénien 74
Kulturstufe, Pavlovien 73
Kunst 33 ff.

Leder 44
Ledergewinnung 45
Ledermalerei 52
Ledertechnologie 44
Lederzurichtung 48
Lendenschurz 75, 80
Löckchen Abb. 95

Magen 27
Mageninhalt 26
Maltechnologie 52
Mammut 25
Mammutfell 40; Abb. 41
Mannequin 97
Männerkleidung 74

Material 92
Menschenart 19
Menschenfigur 35, 69
Mesolithikum 12
Messer Abb. 42
Mittelpaläolithikum 14
Mode 64 ff.
Modekörper 95
Modepüppchen 98
Modevorbild 90
Modewandel 92
Muschelschale 64
Muster 93
Mütze 86

Nadel 57
Nadelnähen 56
Nähen, Kante an Kante 58
Nähfaden, pflanzlicher 55
Nähfaden, tierischer 53
Nähnadel 57; Abb. 57
Naht, einfache 58
Nähtechnologie 55
Neandertaler 20, 22, 23, 38
Neolithikum 13

Ocker 65

Paläolithikum 12
Perle 59, 68; Abb. 68
Pflanzengerbung 47
Pfriem Abb. 56

Plastik 35
Plättchen 68; Abb. 67

Rauchgerbung 46, 47
Raumdimension 89
Religion 37 ff.
Rentier 25; Abb. 26
Rentierfell 40
Ressource 25; Abb. 26
Riemenschneiden 54; Abb. 55
Ritzzeichnung 34
Rock 80; Abb. 81
Rock und Hose 82
Rötel 65

Sachdimension 88
Sammler 23
Sandale 88
Schaber Abb. 43
Schamane 37, 90; Abb. 91
Schamtheorie 101
Scheibe 67; Abb. 67
Schlupfschuh 87
Schmuck 64
Schmuck, ästhetisch-soziale
    Funktion 72
Schmuck, magisch-
    schützende Funktion 71
Schmuck, Trageweise 67
Schmuckhandel 66
Schmuckmaterial 64
Schmucktheorie 100

Schneckengehäuse 64; Abb. 70
Schnitt 94
Schutztheorie 99
Sehne 27
Sehnendrillen 53
Sozialdimension 89
Stecknadel 57
Steinmesser Abb. 43
Steinzeit 11 ff.
Steinzeit, mittlere 13
Stufenlocken Abb. 95
Sungir-Grab Abb. 73

Tasche 85
Textiltechnologie 60
Tierfigur 35, 69
Tiermenschfigur 35

Umhang 79
Venus von Willendorf Abb. 98
Vorgeschichtliche Zeit 11

Wandmalerei 52
Webtechnologie 61
Wirtschaft 18 ff.
Wissenschaft 40 ff.
Wohnstätte 28, 29

Zahn 27; Abb. 27, 64
Zeitdimension 89
Zelt 30
Zwirnflechten Abb. 63